JAK PODSŁUCHAŁEM SYSTEM

Konrad
Lassota

JAK PODSŁUCHAŁEM SYSTEM

Ośmiorniczki, czyli elita na widelcu

THE FACTO

Redakcja:
Justyna Wodzisławska

Korekta, projekt typograficzny i łamanie:
biały-ogród.pl
Agata Mościcka

Zdjęcie na pierwszej stronie okładki:
Zbigniew Furman

ISBN 978-83-61808-86-2

Wydawca:
THE FACTO

The Facto Sp. z o.o.
ul. Skierniewicka 21/53, 01-230 Warszawa
www.thefacto.pl

Najważniejszym Kartom w moim życiu

To dzięki Wam i Waszej niepodważalnej wierze we mnie

ciągle jestem w grze...

1. KARTA WIN

Nazywam się Konrad Lassota. Mam niespełna dwadzieścia dziewięć lat i uwielbiam swoją pracę. Od przeszło dziesięciu zajmuję się wspaniałymi winami i wyjątkowym jedzeniem. Pracowałem w najbardziej prestiżowych restauracjach i hotelach w Polsce. Dokładnie w dniu dwudziestych siódmych urodzin usłyszałem zarzuty z paragrafu dwieście sześćdziesiątego siódmego punkt trzeci kodeksu karnego. Brzmi on: „Kto w celu uzyskania informacji, do której nie jest uprawniony, zakłada lub posługuje się urządzeniem podsłuchowym, wizualnym albo innym urządzeniem lub oprogramowaniem, podlega grzywnie, karze ograniczenia wolności albo pozbawienia wolności do lat dwóch". Nagrywałem rozmowy czołowych polskich polityków i biznesmenów w Pałacu Sobańskich – w siedzibie restauracji Amber Room oraz Klubu Polskiej Rady Biznesu, gdzie pracowałem jako osoba zajmująca się winem, czyli sommelier.

Przez niemal dwa lata, które minęły od wybuchu afery, najczęściej stawianym mi pytaniem było: „Dlaczego to zrobiłeś, dlaczego się na to zgodziłeś?". Odpowiedź była zawsze taka sama. Zrobiłem to – bo mogłem. Złość na bezkarność elit i brak perspektywy zmiany tej sytuacji sprawiły, że przystałem na propozycję kolegi, Łukasza.

Był on menedżerem zajmującym się gośćmi VIP w restauracji Sowa & Przyjaciele. Spośród innych menedżerów wyróżniały go nie tylko doskonałe umiejętności sprzedażowe, lecz także posiadanie cennych znajomości wśród najważniejszych polityków, biznesmenów oraz ludzi służb. Do nagrywania rozmów namawiał mnie od czerwca 2013 roku. Był cierpliwy. Na jego propozycję przystałem trzy miesiące później. Gdy niebawem na własne uszy przekonałem się o powadze sprawy i związanych z nią zagrożeniach, chciałem się wycofać. Niestety nie mogłem. Było już za późno.

Nasza działalność polegała na rejestrowaniu rozmów polityków i biznesmenów w salonikach vipowskich restauracji, w których byliśmy zatrudnieni. Moim jedynym kontaktem był Łukasz. To on przekazywał mi zarówno wszelki sprzęt, jak i instrukcje od zleceniodawców. To on instruował mnie w kwestii używania tego sprzętu i zacierania śladów. To wreszcie z nim funkcjonariusze ustalili wersję, którą prokuratura i media przyjęły jako ostateczną.

2. LUNCH ZA DWADZIEŚCIA MILIONÓW ZŁOTYCH

Była ciepła noc 24 kwietnia 2014 roku. Właśnie rozpoczynał się weekend poprzedzający wydłużoną majówkę. Stolica była spokojna i przygotowywała się do leniwej soboty. Kończyłem odsłuchiwać nagranie zarejestrowane kilkanaście godzin wcześniej i wziąłem telefon komórkowy do ręki. Wybrałem numer Łukasza, którego „co tam?" usłyszałem już po kilku sekundach.

– Mamy to! Doktor osobiście przeprowadził ważną operację! – powiedziałem nerwowo. – Koniecznie musimy się spotkać, i to zaraz. To ważna sprawa. Z tych, które nie mogą czekać.

– Spotkajmy się tam, gdzie zawsze, bez telefonów, bez sprzętu. Za jakieś dwadzieścia minut – odpowiedział Łukasz, po czym się rozłączyliśmy.

Zgrałem plik na dysk swojego komputera, a następnie skopiowałem go na zwykły czarny pendrive. Założyłem sweter i pospiesznie wsiadłem do samochodu. Po kilkunastu minutach byłem na skrzyżowaniu ulic Służewskiej i Koszykowej, w samym centrum Warszawy. Łukasz już na mnie czekał. Zazwyczaj był przed czasem.

Zostawiliśmy telefony w moim samochodzie i rozsiedliśmy się wygodnie w jego czarnym volkswagenie golfie.

– Mam to, czego nasi zleceniodawcy potrzebowali. Na tym nagraniu mamy prywatyzację CIECH-u na widelcu. Byli dzisiaj Tamborski z pomagierem. Doktor spotkał się z nimi w jednym z gabinetów. – Zawiesiłem głos. – Ale mam coś jeszcze! – dodałem tajemniczo i wyciągnąłem z kieszeni małą pomiętą karteczkę.

Kilkanaście godzin wcześniej w Klubie Polskiej Rady Biznesu mieszczącym się w Pałacu Sobańskich doszło do spotkania biznesmena Jana Kulczyka z wiceministrem skarbu Pawłem Tamborskim i wiceszefem departamentu przekształceń własnościowych, zajmującego się prywatyzacją, w Ministerstwie Skarbu Państwa, Tomaszem Zganiaczem. Biznesmen miał w zwyczaju jadać i odbywać biznesowe rozmowy jedynie w gabinecie JW. Był to prywatny gabinet założyciela Klubu Polskiej Rady Biznesu, Jana Wejcherta. Po jego śmierci pokój przyjął nazwę od inicjałów, a dostęp do niego otrzymali jedynie członkowie rodziny Wejchertów oraz Jan Kulczyk. To w nim miliarder widywał się z przedstawicielami ministerstw. To również w nim odbyła się rozmowa dotycząca prywatyzacji chemicznego giganta CIECH SA pod koniec kwietnia. Zazwyczaj do spotkań takich dochodziło wieczorem. Pod osłoną nocy łatwiej było niepostrzeżenie dostać się do restauracji i ją opuścić, nie wzbudzając niczyich podejrzeń. Tym razem spotkanie odbyło się jednak w świetle dnia. Wszyscy uczestnicy wydawali się wyjątkowo podenerwowani. Jak się później okazało, miało to związek z walnym zgromadzeniem akcjonariuszy spółki. Gra szła o kilkadziesiąt milionów złotych.

Jan Kulczyk miał w zwyczaju podejmować swoich gości winami z ulubionego rocznika – 1995. Był fanem trunków z Bordeaux. Wiedział także, że gdy postawi na stole butelkę wina za kilka tysięcy złotych, łatwiej mu będzie prowadzić negocjacje. Te zaś dotyczyły ceny akcji, za jaką należąca do biznesmena spółka KI Chemistry ma nabyć CIECH SA. Była to żmudna operacja trwająca od kilku miesięcy. Miliarder przygotowywał grunt pod nią długo. Wreszcie nadszedł czas finalizacji.

Odsłuchując rozmowę wieczorem, usłyszałem, że panowie rozmawiali o kwestiach prawnych i technicznych, co nie wzbudzało zbytnich podejrzeń. Były jednak kwestie, w których porozumiewali się specyficznym, niezrozumiałym dla osób spoza ich kręgu kodem. Padały zwroty: „A gdybym ja tak, to wy mi tak?" (ze strony biznesmena) i: „A może w ten sposób?" (z ust Tamborskiego). Dotyczyły one zapisków skrzętnie wykonywanych na małych karteczkach.

Bo Jan Kulczyk był człowiekiem starej daty. Często na spotkania przychodził z przygotowanymi liczbami i danymi zapisanymi długopisem na zwykłej kartce A4. Papier był jego narzędziem pracy również dlatego, że był bezpieczniejszy. Rozmowa zawsze może zostać nagrana, a kartkę wystarczy zniszczyć albo wytłumaczyć jako nieistotne zapiski.

Te nieistotne zapiski wylądowały jednak, zapewne przez nieuwagę, w filiżance po kawie jednego z uczestników spotkania. Sprzątający gabinet kelnerzy zebrali całą zastawę i odnieśli na zaplecze. Kiedy udałem się w okolice pokoju vipowskiego, aby wydobyć urządzenie, przypadkiem na nie natrafiłem. Niepostrzeżenie wyjąłem notatki z brudnej filiżanki. Otrzepałem zwiniętą karteczkę z resztek kawy i rozłożyłem ją na swoim biurku. Widniały na niej strzałki, liczby, znaki większości i równości. Wieczorem porównałem te bazgroły z zarejestrowaną rozmową. Na samej górze napisano: „>50 = 30>". Z kontekstu rozmowy można było wywnioskować, że należące do miliardera KI Chemistry chciało przejąć pakiet większościowy od

Skarbu Państwa za cenę nieprzekraczającą trzydziestu złotych za jedną akcję. Prawdopodobnie była to gra, gdyż Kulczyk doskonale znał wartość spółki i był gotów zapłacić nieco więcej. Kolejne zapisane liczby to: „100/2??", obok których widniało: „OK". I właśnie to „OK" było celem spotkania, i to ono spowodowało jego znaczne wydłużenie.

Liczby te prawdopodobnie oznaczały podział zysku wypracowanego przez CIECH w 2013 roku. Wyniósł on przeszło 100,7 miliona złotych. Miał zostać wypłacony akcjonariuszom w formie dywidendy. Jan Kulczyk od początku nalegał, aby dywidenda wypłacana nie była. Kiedy jego oczekiwania okazały się niemożliwe do spełnienia, zmniejszył roszczenia. Chodziło mu już tylko o podział zysku na dwie części. Nalegał na pozostawienie połowy wypracowanego zysku w kasie spółki. Było to żądanie niespotykane i niepraktykowane w biznesie. To tak, jakby kupić na bazarze samochód z kopertą pełną pieniędzy w schowku. Janowi Kulczykowi to się udało. Rolą wiceministra Pawła Tamborskiego był nacisk na właśnie rozpoczynających walne zgromadzenie akcjonariuszy CIECH SA, aby ci głosowali zgodnie z intencjami biznesmena. Wiceminister, w nieco pomiętym garniturze koloru stalowego, co chwila wychodził z gabinetu na balkon bądź na korytarz. Przez telefon nakłaniał do odroczenia głosowania w kwestii dywidendy i absolutnie zabraniał przeznaczenia na nią całego zysku CIECH-u.

Ostatecznie walne zgromadzenie akcjonariuszy 24 kwietnia nie podjęło wiążących decyzji. Stało się to 23 maja 2014 roku, niemal miesiąc później. Udziałowcy upoważnieni do głosowania, wśród których przedstawiciele Ministerstwa Skarbu Państwa stanowili zdecydowaną większość, podjęli decyzję o przeznaczeniu na dywidendę 59,6 miliona złotych i jednoczesnym pozostawieniu w kasie ponad czterdziestu milionów. Ta nieracjonalna biznesowo decyzja była pokłosiem negocjacji z miliarderem. Domniemywać można, że dążąc do uzyskania wyższej stawki na papierze, urzędnicy zaproponowali mu zwrócenie pieniędzy w innej formie. Dzięki temu Jan Kulczyk zaoszczędził niemal dwadzieścia milionów złotych, a Skarb Państwa stracił ich niemal szesnaście. Obiad z winem za kilka tysięcy złotych okazał się dla biznesmena znakomitą inwestycją.

Finalizacja transakcji nastąpiła 9 czerwca 2014 roku. Kontrolowane przez Kulczyka KI Chemistry zapłaciło za akcję trzydzieści jeden złotych. W skład przejmowanego pakietu weszło 37,9% akcji należących bezpośrednio do Skarbu Państwa i 8,03% akcji, które sprzedało OFE PZU Złota Jesień, spółka zależna od kontrolowanego przez Ministerstwo Skarbu Państwa Powszechnego Zakładu Ubezpieczeń. Według analiz domów maklerskich faktyczna wycena powinna być wyższa o przeszło pięć złotych za akcję. OFE PZU Złota Jesień sprzedało zatem swój pakiet biznesmenowi po nie najlepszej cenie. Inne fundusze, między innymi ING, akcje trzymały nadal i w szczytowym momencie były one warte niemal trzykrotnie więcej. Bo rynek szybko potwierdził słuszność tej drugiej wyceny i już wkrótce cena akcji poszybowała w górę. W styczniu 2016 roku akcje osiągnęły wartość 87,49 złotych za sztukę, czyli ponad dwa i pół razy więcej niż wynosiła oferta miliardera.

Warszawska Prokuratura Apelacyjna prowadzi obecnie śledztwo dotyczące nieprawidłowości przy prywatyzacji CIECH-u i możliwości wyrządzenia państwu szkody majątkowej w wielkich rozmiarach. Grozi za to dziesięć lat pozbawienia wolności. Dotychczas nikomu nie postawiono zarzutów.

3. PRZYSTAWKI

NIEWYGODNE PŁYTY I ODCIĘTA RĘKA W TORBIE

Moja awersja do świata mieszanki polityki i biznesu zaczęła się od płyty z nagraniem wideo senatora Krzysztofa Piesiewicza. Skompromitowany polityk Platformy Obywatelskiej stał się łatwym celem mediów po ujawnieniu zdjęć, na których zabawia się z prostytutkami. Zdjęcia prasowe, mimo że mocne, nie przedstawiały pełnego obrazu zdarzenia. Były tam rzeczy jeszcze bardziej niesmaczne, nienadające się do publikacji. Prasa i telewizja otrzymały jedynie ocenzurowane fragmenty. Płyta z całym zapisem, z wszystkimi zdjęciami była przez pewien czas w rękach Łukasza. Cena oryginału na nieoficjalnym rynku wynosiła pół miliona złotych. W tamtym czasie było tylko jedno droższe nagranie. Były to zarejestrowane dewiacje seksualne zamożnego i wpływowego człowieka. Nagrano go podczas brutalnego molestowania nieletniego chłopca poza granicami Polski. Wykupienie nagrań kosztowało kilka milionów dolarów, które zasiliły portfel przedsiębiorczego współpracownika bogacza.

Gdy zaczynałem pracę w prestiżowych polskich restauracjach, nie sądziłem, że wyjątkowe potrawy i wina będą tylko tłem szemranych interesów. Historie mrożące krew w żyłach słyszałem wcześniej jedynie od ochroniarzy asystujących ważnym gościom czy oglądałem w amerykańskich filmach. W świecie gastronomii zetknąłem się z nimi w rzeczywistości. Wyzywano mnie, policzkowano, mierzono do mnie z broni...

Nie to było jednak najgorsze. Najgorsza chyba historia przydarzyła się w 2012 roku, zanim jeszcze zacząłem pracę w restauracji Amber Room. Regularnymi gośćmi lokalu, w którym pracowałem, byli miejscowi biznesmeni. Kiedyś nazywano ich gangsterami, ale po transformacji przywdziali garnitury, założyli drogie zegarki na ręce i już byli przedsiębiorcami. W restauracji często byli pijani lub też pod wpływem innych używek. Pod stolikiem wielokrotnie zostawiali resztki białego proszku.

Któregoś dnia przybyli w towarzystwie kobiety. Wszyscy byli w nietęgich nastrojach. Wywiązała się kłótnia. Kłótnie takich ludzi charakteryzują się dużą spektakularnością i zazwyczaj sprawiają, że inni przebywający w tym samym pomieszczeniu chcą je jak najprędzej opuścić. Awanturujący się klienci nie reagowali na upomnienia, a wyrzucenie ich wiązałoby się z utratą stałych bywalców wydających miesięcznie grube tysiące złotych. Oliwy do ognia dolał trzeci mężczyzna, który wbiegł do lokalu z czarną torbą i rzucił ją na stolik, przewracając kieliszki i zrzucając ze stołu sztućce. Pogaduszki jeszcze przybrały na żywiołowości. Po kilkunastu minutach wszyscy pospiesznie opuścili restaurację, rzucając na ladę dziesięć plików stuzłotowych, mimo że rachunek wynosił niecałe siedemset złotych.

Zacząłem porządkować stolik po specyficznych gościach i pod krzesłem znalazłem niewielką reklamówkę. Ciekawość kazała mi ją otworzyć. Szybko tego pożałowałem, gdyż znajdowała się w niej obcięta dłoń. Sprawiała wrażenie odciętej niedawno. I było mnóstwo poplamionych plików banknotów dwustuzłotowych. Na oko co najmniej pięćdziesiąt tysięcy złotych.

Szybko dotarło do mnie, że na tej reklamówce są już moje odciski palców. Włożyłem więc rękawiczki, przerzuciłem zawartość do innego worka i położyłem go z boku. Właściciele restauracji stanowczo zabronili dzwonić na policję. Po kilku godzinach właściciele zguby wrócili po nią. Zaprosiłem ich na zaplecze i przekazałem torbę.

– Wyciągam do panów pomocną dłoń – zażartowałem mimo powagi sytuacji i wskazałem wyjście.

Pobieżnie obejrzeli torbę i stwierdzili, że nic nie ubyło.

Nazajutrz złożyłem wypowiedzenie. Chciałem pracować w restauracji ze świeżym mięsem, ale nie ludzkim…

* * *

Mieszanie się świata wielkiego i małego biznesu oraz świata polityki nigdzie indziej nie było tak widoczne jak w restauracjach. Ustalanie scenariuszy pozwalających ominąć prawo, wręczanie łapówek czy kompromitowanie przeciwników było w świecie luksusowej gastronomii chlebem powszednim.

Tamto wydarzenie przekonało mnie o całkowitej bezkarności biznesmenów (także „biznesmenów") i polityków. Budziło to moją złość. Można było zagłuszać własną moralność, przymykać oczy lub porzucić ów świat. Można też było wyrazić sprzeciw. Polem walki stała się restauracja, a bronią dostępne narzędzia.

Janusz Gajos, w etiudzie filmowej Jacka Bromskiego *Solidarność, Solidarność* grający postać prezesa banku z przeszłością peerelowskiego prokuratora, wypowiedział słynne zdanie: „Polacy są dobrzy tylko wtedy, gdy coś trzeba rozpierdolić". Nie sposób nie przyznać mu racji, niemniej często jest to jedyna możliwa forma sprzeciwu.

Prokuratura Okręgowa Warszawa-Praga jako motyw mojego działania przedstawiła względy finansowe. Jest to oczywista bzdura, w którą nie uwierzyli nawet prowadzący czynności funkcjonariusze Centralnego Biura Śledczego Policji. W wyniku nagrywanych rozmów na moje konto nie wpłynęła ani złotówka. Gdybym jednak nie rejestrował rozmów polityków z biznesmenami, to później w głowie kołatałaby mi myśl: „Trzeba było coś z tym zrobić". Myśl ta z pewnością nie dałaby mi spokoju.

Gdy popełnia się przestępstwo, w tyle głowy zawsze zostaje ślad nieprawego czynu. Niepewność i obawa. To samo dotyczy jednak działań, których nie podjęliśmy właśnie z powodu strachu przed konsekwencjami.

Dlaczego nagrywałem najpotężniejszych ludzi w naszym kraju? Odpowiedź jest prosta – bo mogłem. Bo chciałem. Podjęcie walki z góry skazanej na porażkę dawało satysfakcję, pewność siebie i nadzieję. Czułem się jak kierowca wyścigowy, który swoim niewielkim fiatem 126p wjechał na tor Formuły 1 i choć przez kilka okrążeń w tym wyścigu prowadził. Wystartowałem, wiedząc, że mam dowody na nieprzepisową działalność innych kierowców. Finał był łatwy do przewidzenia.

W związku z wydarzeniami afery taśmowej wylałem morze łez, najadłem się sporo strachu, zszargałem nerwy i straciłem ogromną ilość pieniędzy. Ujawnione nieprawidłowości politycy tłumaczyli zaś stwierdzeniami: „Nie pamiętam" bądź: „Miałem co innego na myśli".

Prokuratura po pobieżnym rozpoznaniu umarzała kolejne sprawy. Szybko wprowadzono przepis uznający za nieważne dowody zdobyte w nielegalny sposób. W świetle nowych regulacji nie mogły one świadczyć o winie podejrzanych. Podsłuchane rozmowy polityków i biznesmenów uznane zostały za nielegalne właśnie.

Tych kilka okrążeń dało jednak nadzieję na zmianę. Zmianę nie konkretnej partii, ale w rządzących politykach i ich nastawieniu.

Nazywam się Konrad Lassota i mam postawione zarzuty z paragrafu dwieście sześćdziesiątego siódmego punkt trzeci kodeksu karnego.

KONRAD

Nigdy nie byłem typem napastnika z numerem dziewięć. Nie byłem Robertem Lewandowskim strzelającym pięć bramek w dziewięć minut. Nie strzelałem bramek w ogóle. Zawsze byłem jednak w zwycięskiej drużynie. Nie jest ważne, czy siedzisz w fotelu kierowcy, czy pasażera. Ważne, że jesteś w samochodzie, który mija linię mety pierwszy. Jestem przykładem rzemieślnika, który harując, znalazł się w miejscach, o których wcześniej tylko czytał. Nie osiągnąłbym tego bez ludzi, którym tak wiele zawdzięczam. W dniu składania pierwszych zeznań, 24 czerwca, czyli dokładnie w moje urodziny, usłyszałem od jednego z prokuratorów znamienne słowa: „Życzę na przyszłość samych dobrych ludzi wokół...".

Słoń w składzie porcelany, czyli trudne początki w ekipie posła Nowoczesnej Polski

Mój wieloletni i burzliwy związek z gastronomią, nie licząc licealnych epizodów roznoszenia ulotek Telepizzy, rozpoczął się na studiach. Chciałem być niezależny, chciałem mieć własne pieniądze. Chciałem wydawać swoje, a nie czyjeś. Jak chodzić na randki, to za swoje. Jak się upijać, to za swoje. Jak zgubić, to też swoje. Mało jest jednak branż, które oferują pracę ludziom bez doświadczenia, rozpoczynającym studia, a do tego z dyspozycyjnością w kratkę. Nie chciałem być domokrążcą, sprzedawać usług telemarketingowych czy reklamować perfumy albo Greenpeace na krakowskim Rynku. Chciałem być zatrudniony w eleganckim miejscu. W miejscu na poziomie. W miejscu, w którym mógłbym się dużo nauczyć, a jednocześnie godziwie zarabiać.

Moim pierwszym poważniejszym zajęciem było kelnerowanie w restauracji Del Papa, należącej do Jerzego Meysztowicza – byłego wicewojewody krakowskiego, a dziś posła partii Nowoczesna Polska. Zaczynałem tam z zawrotną stawką cztery i pół złotego na rękę. Na umowę czekałem kilka tygodni, a gdy się doczekałem, była to rzecz jasna umowa śmieciowa. Wysokie napiwki i dobra atmosfera wśród pracowników rekompensowały jednak tę niedogodność z nawiązką. Aby otrzymać tę posadę, rozniosłem ponad sto życiorysów po krakowskich restauracjach, barach i hotelach. Zawsze miałem ze sobą wszystkie dokumenty, byłem dobrze przygotowany, ale brak doświadczenia stawał na przeszkodzie. Nie znałem branży, jej obyczajów i trików, ale nie chciałem zaczynać praktyki od jadłodajni czy fast foodu. Odbyłem szereg bezpłatnych dni próbnych, po których nikt nie oddzwaniał.

Pierwszym zaliczonym pozytywnie testem była próba we wspomnianym lokalu należącym do posła partii Nowoczesna. Stało się tak dzięki atrakcyjnej kierowniczce sali, która zobaczyła we mnie potencjał. (Może pomogła moja naturalna otwartość, a może fakt, że obiecałem jej zaproszenie w charakterze osoby towarzyszącej na wesele znajomych, jeżeli mnie zatrudni…). Początki to głównie sprzątanie magazynów, zmywanie naczyń, pomoc kelnerom. Dopiero z czasem zostałem dopuszczony do obsługi gości i partycypowania w napiwkach. To właśnie restauracja Jerzego Meysztowicza sprawiła, że zakochałem się w jedzeniu i winie. Fantastyczne makarony, świeże składniki i niezwykła w tamtym lokalu prostota serwowania dań pchnęły mnie w kulinarny świat.

Zaczynając ze stosunkowo wysokiego pułapu, celowałem tylko jeszcze wyżej. Chciałem poznać najlepszych szefów kuchni, zobaczyć zawodowców w akcji. Studia toczyły się bocznym torem. Moją głową zawładnęła gastronomia.

Likus znaczy Luksus, czyli polityka wchodzi do restauracji

Jednym z kolejnych kroków była nauka winnego rzemiosła w hotelach braci Likusów. Tam po raz pierwszy miałem możliwość zetknięcia się z produktami z najwyższej półki, a także klientami, dla których wysokość rachunku nie miała znaczenia. Miejscem pracy był pięciogwiazdkowy hotel Stary, zlokalizowany w bezpośrednim sąsiedztwie krakowskiego Rynku. To miejsce wyjątkowe. Urządzone z przepychem i stylem. Jedyny polski hotel, który otrzymał prestiżową nagrodę Prix Villegature dla najlepszych wnętrz hotelowych w Europie. Kiedy pewnego dnia zapytałem Wiesława Likusa, jednego z braci, do których należy hotel, o koszty poczynionych inwestycji, odpowiedział krótko: „Panie Konradzie, przy dobrych obrotach dziennych po dwudziestu latach wyjdziemy na zero...".

Bracia Likusowie znali się na swoim fachu. Każdy odpowiadał za co innego i był w tym profesjonalistą. Do dziś pozostaję pod wrażeniem najmłodszego z braci, Leszka, który własnoręcznie naprawił ciśnieniowy ekspres Astoria, z czym serwisant nie mógł sobie poradzić. Patrzyliśmy na niego wraz z barmanem jak na magika, a on delikatnie odgarniając włosy, uśmiechnął się pod nosem. Również starszy z braci, Wiesław, specjalizujący się w deweloperce, cieszył się wśród pracowników dużym szacunkiem. Podczas awarii jednego z sanitariatów w hotelu Starym uwinął się z usterką szybciej niż niejeden fachowiec. Wymienił uszczelki, coś przestawił, coś dokręcił i przestało przeciekać. Jego umiejętności stały się znane wśród pracowników. Pewnego razu, gdy pokojówka z hotelowego tarasu zadzwoniła do recepcjonisty z prośbą o przysłanie osoby z działu technicznego, aby usunęła usterkę w łazience, ten widząc właściciela, odparł: „Pan Wiesiek już idzie...".

W tym hotelu również zauważyłem po raz pierwszy związki polityki z biznesem przy restauracyjnych stolikach. Czasy spotkań na Jasnej Górze, jak chociażby w przypadku Romana Giertycha z Janem Kulczykiem, minęły. Przenieśli się oni, a wraz z nimi cała reszta, do hoteli i restauracji. Hotel Stary był idealnym przykładem i papierkiem lakmusowym mieszania się biznesu i polityki III RP.

Oficjalnie otwarto go 2 czerwca 2006 roku, jednak już wcześniej miał wizytatorów. Pierwszymi gośćmi byli dostojnicy kościelni i świta towarzysząca papieżowi Benedyktowi XVI podczas oficjalnej wizyty w Krakowie. W kuluarach mówiło się, że wszyscy gościli tam na zaproszenie właścicieli. Miało to zjednać Kościół, który w dawnej stolicy Polski ma wyjątkową siłę i moc sprawczą. Był to wybieg wizerunkowy. Z drugiej strony bracia wspierali wcześniej kampanię związanego z lewicą prezydenta Jacka Majchrowskiego. Ten rozkrok pozwolił im na elastyczne załatwianie wielu kłopotliwych spraw. A te pojawiły się od samego początku.

Przez wiele miesięcy używano nazwy „hotel", mimo że obiekt hotelem nie był z racji niezgodności z projektem i negatywnego wpływu rozbudowy na sąsiednie budynki. Wojewódzki konserwator zabytków nakazał rozebrać taras, a Urząd Ochrony Konkurencji i Konsumentów zakazał używania nazwy „hotel".

Wciąż jestem zdania, że inwestorzy wykonali niesamowitą pracę, restaurując zabytkową kamienicę i odnawiając wewnętrzne średniowieczne freski. Co ciekawe, podobnego zdania byli także ówcześni politycy Ligi Polskich Rodzin. Marek Kotlinowski, wicemarszałek Sejmu V kadencji i późniejszy sędzia Trybunału Konstytucyjnego, próbował nawet interweniować u ministra budownictwa Antoniego Jaszczaka z ramienia Samoobrony w tej sprawie. Urzędnicy myśleli jednak inaczej, stąd zakazy i dotkliwe kary za niedopatrzenia.

Stanie w rozkroku pomagało jednak, ponieważ niebawem po otwarciu hotelu pojawiła się kwestia kolejnej kary finansowej dla jego właścicieli w wysokości stu tysięcy złotych za przekroczenie objętego umową czasu zajęcia pasa drogi na okres remontu. Dyrektor Zarządu Dróg i Transportu szybko umorzył jednak tę sprawę. Pikanterii dodaje fakt, że zrobił to ów słynny krakowski urzędnik Jan T., posiadający obecnie dwanaście zarzutów prokuratorskich, głównie korupcyjnych…

To właśnie w hotelu Starym miałem po raz pierwszy przyjemność obsługiwać głowy państw czy autorytety z dziedziny nauki i sztuki. To również tam mój kierownik nauczył mnie otwierać butelkę szampana szablą. Pomińmy fakt, że zanim się tego nauczyłem, zniszczyłem ich około trzydziestu. (Butelek, nie szabli).

Mój pierwszy zamach (prawie stanu)

To nie nagrywanie rozmów polityków i biznesmenów było moim najcięższym przestępstwem. Wykroczenie, którego dopuściłem się kilka lat wcześniej, mogło otrzeć się o dożywocie lub zaprowadzić mnie na krzesło elektryczne, gdyby dotyczyło głowy innego państwa.

W roku 2008 w Krakowie gościła jedna z europejskich księżnych. Była gościem specjalnym konferencji dotyczącej roli kobiet we współczesnym biznesie. Tak się akurat złożyło, że najważniejsze wydarzenia odbywały się w hotelu Starym, w którym od kilku dni wówczas pracowałem. Zgodnie z obowiązującymi zasadami najmłodsi stażem pracownicy zawsze otrzymywali najmniej przyjemne zadania. Jednym z moich pierwszych wyzwań było posprzątanie i zinwentaryzowanie magazynu. W przeciwieństwie do większości pracowników lubiłem takie zajęcia. Z dala od ludzi można było wypuścić koszulę ze spodni, zdjąć krawat i zorganizować wszystko po swojemu. Wprowadzić swój ład i własne porządki. Nie sądziłem, że te prace magazynowe przydadzą się już następnego dnia.

Koledzy z mojej zmiany przygotowali dla mnie powitalnego drinka, jednak zanim zdążyłem go wypić, zostałem wezwany na bok przez kierownika sali. Poprosił mnie, abym zaniósł półmisek z winogronami do apartamentu księżnej. Dostałem tak odpowiedzialne zadanie, gdyż jeden z kelnerów podjął wcześniej próbę zaniesienia owego naczynia, ale skończyło się to wypadnięciem większości owoców. Kierownik sali postanowił więc zaczekać na trzeźwego, czyli na mnie.

Wziąłem głęboki oddech i półmisek z dorodnymi winogronami. Pomyślałem, że łatwiej i bezpieczniej będzie, jeżeli użyję wózka przeznaczonego do *room service*. Postawiłem na nim ów piękny szklany półmisek i dziarskim krokiem ruszyłem do windy dla gości. Minąłem się w niej z ochroniarzami i funkcjonariuszami z książęcej obstawy, którzy sprawdzali bezpieczeństwo całego piętra przeznaczonego dla księżnej i jej otoczenia. Sama księżna do hotelu miała dotrzeć za około dwadzieścia minut.

Do apartamentu prowadził wąski korytarz, który poprzedzały trzy stopnie. Dojeżdżając wózkiem do stopni, zdecydowałem, że podniosę go wraz z półmiskiem. To był zły pomysł. Niczym w kiepskiej komedii naczynie zsunęło się i roztrzaskało w drobny mak. „Widocznie było z dobrego szkła" – mówi się w gastronomii, gdy coś rozbije się na niezliczoną ilość kawałków. Było naprawdę źle. Nowy pracownik, będący pod obserwacją menedżera, z niepodpisaną umową o pracę. I rozbity półmisek za kilkaset złotych, i żarty z mojej niezdarności przez następne tygodnie, o ile oczywiście mnie nie zwolnią. A tymczasem winogrona dla księżnej leżały ozdobione kawałkami szkła niczym kryształkami Swarowskiego.

Niewiele myśląc, odstawiłem wózek na bok, a winogrona przepchnąłem butem w kąt. Większe kawałki rozbitego półmiska wziąłem do ręki i udałem się do windy pracowniczej. Pamiętałem z poprzedniego dnia, że w magazynie jest identyczne naczynie. Było co prawda bardzo zakurzone i miało wyszczerbiony jeden z boków, ale to się w tamtym momencie nie liczyło. Błyskawicznie dotarłem na miejsce, zabrałem półmisek i ruszyłem w podróż powrotną. Na moją korzyść grały brak monitoringu oraz fakt, że na pierwszym piętrze nie było innych mieszkańców poza księżną i jej obstawą.

Na piętro wracałem okrężną drogą, zabierając z dyżurki pokojowych szufelkę i zmiotkę. Wsiadając do windy, minąłem Brytyjczyka, który zapytał mnie, czy jadę posprzątać rozbite naczynie piętro wyżej. Odpowiedziałem mu z iście angielskim flegmatyzmem, że jadę właśnie w tym celu, a nasza recepcja została już o tym poinformowana, więc nie musi nic zgłaszać.

Księżna miała być w hotelu lada chwila. Zgarnąłem szkło i winogrona na szufelkę i pobiegłem do toalety. Wrzuciłem wszystko do zlewu i zostawiłem pod odkręconą wodą. Wróciłem do wózka i uprzątnąłem pozostałości stłuczki z podłogi. Na pierwszy rzut oka nie było śladów. Pognałem znowu do łazienki i opłukałem stary, wyszczerbiony półmisek. Jakże było mu daleko do rozbitego przed chwilą, wypolerowanego odpowiednika! Niezrażony tym zacząłem niezdarnie układać winogrona. Starałem się zmyć z nich jak najwięcej drobinek szkła, ale to było jak rozdzielanie ziarenek mokrego piasku. Moim standardom jednak daleko było wówczas nawet do dwugwiazdkowego tureckiego hotelu.

Szybko sobie poradziłem z nałożeniem owoców, wróciłem z półmiskiem na korytarz, przeniosłem go przez schody i bezpiecznie położyłem na wózku. Zostawiłem naczynie na stole w apartamencie, obok karteczki z życzeniami od dyrekcji, i opuściłem pokój. Przed windą minąłem się z funkcjonariuszami prowadzącymi księżną. Miałem nadzieję, że nie tknie tych winogron przez cały pobyt.

Z duszą na ramieniu pracowałem przez resztę dnia. Zdążyłem jednak obmyślić plan naprawczy. Nazajutrz stawiłem się na swojej zmianie wyjątkowo wcześnie i zakomunikowałem kuchni, że dostałem prośbę z otoczenia księżnej o jeszcze jeden półmisek winogron, gdyż tamte zjedli wczorajszego wieczoru. Mój plan nie przewidywał reakcji kucharzy:

– To przynieś naczynie, młody. Taki szklany półmisek mamy tylko jeden, bo drugi jest wyszczerbiony w magazynie.

Butikowo, nie sieciowo, czyli dlaczego nie zrobiłem kariery w korporacjach

Dobrze czułem się w miejscach, w których gości można było traktować indywidualnie. Dobrze się czułem, mogąc porozmawiać z właścicielami i móc wyłożyć im swoje argumenty i racje. Dobrze się czułem, nie wchodząc w korporacyjne trybiki i zależności. Gwoździem do trumny i zawodową traumą związaną z pracą w, jak to się kurtuazyjnie nazywa, międzynarodowym środowisku był kilkumiesięczny okres w jednym z prestiżowych hoteli sieciowych w Krakowie. Spotkałem się tam z najbardziej nieludzkimi przejawami traktowania ludzi.

Odpowiadałem za segment F & B (*food & beverage*, czyli jedzenie i napoje), a więc restaurację oraz bar. Nadzorując pracowników podczas śniadań na szwedzkich stołach, pozwalałem zarówno im, jak i praktykantom na zjedzenie rzeczy, które nie nadadzą się do ponownego wykorzystania. Chodziło o jajecznicę, grillowany bekon, pieczarki i tym podobne. Wiedziałem, że większości z tych ludzi się nie przelewa. W związku z tym starałem się traktować podwładnych po ludzku. Proceder pozwalania na jedzenie tego, co i tak miało zostać wyrzucone, nie trwał jednak długo.

Do dyrekcji dotarł donos jednego z kucharzy. Zorganizowano na mnie prawdziwą zasadzkę. Dojeżdżające do pracy przeszło siedemdziesiąt kilometrów praktykantki jadły właśnie jajecznicę, która została ze śniadania. Do kantyny wparowała dyrektor wraz ze swoimi lizusami i rozpętała awanturę. Wyrzuciła jedzenie do kosza, praktykantkom wystawiła nagany, a mnie wezwała na rozmowę. Nie zamierzałem jednak na nią przychodzić. Załatwiłem sobie zwolnienie lekarskie i jednocześnie złożyłem wypowiedzenie. Nigdy więcej o pracy w takim miejscu nawet nie pomyślałem.

To zakończenie wpisywało się zresztą w kanon moich zawodowych rozstań. Rzucałem marynarką, krzyczałem na właścicieli. Odchodziłem w spektakularny sposób. Byłem aroganckim i przepłacanym gówniarzem, który myślał, że pozjadał wszystkie rozumy. Dobre wyniki zarządzanych przeze mnie miejsc dawały mi często zgubną pewność siebie. Cechowała mnie ona szczególnie wówczas, gdy wokół nie było ludzi, którzy potrafili mnie utemperować. Na szczęście zawsze się tacy trafiali.

Po odejściu z hotelu sieciowego miałem możliwość spróbować swoich sił jako menedżer w winiarni, w domu weselnym, aż wreszcie przyszedł czas na najlepszą swego czasu restaurację w Krakowie – Cyrano de Bergerac przy Sławkowskiej. Funkcję menedżera zarządzającego restauracją i apartamentami otrzymałem w wieku... dwudziestu czterech lat. Tam pierwszy raz w życiu zapuściłem brodę. Na życzenie właścicieli, którzy nie chcieli, aby pozostali pracownicy dowiedzieli się o moim wieku. Najmłodszy z nich, na którego wszyscy – łącznie ze mną – wołaliśmy Młody, był starszy ode mnie o osiem lat. Był to czas Francji elegancji, nauki kurtuazji, systematyczności i cierpliwości. Witałem gości na czerwonym dywanie, a następnie zapraszałem na kieliszek szampana w piano barze. To były piękne czasy.

Wszystkie drogi prowadzą do Warszawy

Do stolicy sprowadziło mnie wino. Dzięki jednemu z moich winiarskich mentorów, nieocenionemu P., poznałem ludzi, którzy zaproponowali mi pracę w stolicy. Jako zagorzały krakus nie wyobrażałem sobie przeprowadzki do Warszawy. Należałem do ludzi wyśmiewających stołecznych lanserów, którzy przyjeżdżali na weekend do Krakowa i poruszali się tylko po utartych szlakach. A potem sikali w zaułkach i wymiotowali na trawniki. Każdy ma jednak swoją cenę. Mnie oprócz pieniędzy skusiły niesamowite perspektywy obiecane przez właścicieli. Warszawę uznawałem za miasto trzech P: pieniędzy, perspektyw i prestiżu. Żadne polskie miasto nie może pod tym kątem konkurować ze stolicą. Tu w restauracjach sprzedawano wina po kilka tysięcy złotych, wołowinę z masowanych byków czy świeżego tuńczyka błękitnopłetwego... W Krakowie, który znałem, były to rzeczy nieosiągalne. Poza zarobkami przyszła ścieżka kariery zawodowej była na tyle kusząca, że nie zastanawiając się długo, wylądowałem w Warszawie.

Moimi chlebodawcami zostali właściciele restauracji Ole oraz współwłaściciele i pomysłodawcy lokalu... Sowa & Przyjaciele. Duet, który czerpał z życia pełnymi garściami. Mieli pomysły i wizję. Określali siebie, co było zawsze przedmiotem drwin obsługi, mianem „zbawców i Chrystusów warszawskiej gastronomii". To oni zapoznali mnie z Łukaszem, który dołączył do ekipy Ole miesiąc po mnie. W działaniach szefów imponował mi rozmach. Byli niczym właściciele klubu piłkarskiego, kupujący wszystkich, których chcą. Mnie wyciągnęli z najlepszej restauracji w Krakowie, Łukasza zagarnęli tuż po zamknięciu restauracji Lemongrass, a z jeszcze niegwiazdkowego

Atelier Amaro wyciągnęli czołowego kucharza Andreę, który obecnie gotuje w wyróżnionym gwiazdką Michelin lokalu Senses. To budziło respekt i uzasadnione nadzieje.

Konrad, Łukasz, plac Trzech Krzyży

Łukasza poznałem w kwietniu 2012 roku. Pojawił się w restauracji Ole przy placu Trzech Krzyży na dzień przed rezerwacją lokalu dokonaną przez prezesa PKN Orlen Jacka Krawca. Łukasz od początku irytował mnie wybujałym ego i nadmierną pewnością siebie. Sprawiał wrażenie przemądrzałego. Posiadał jednak również cechy profesjonalisty. Pojawił się dzień wcześniej, aby dowiedzieć się jak najwięcej o kuchni hiszpańskiej, która była specjalnością lokalu, i poprosić mnie o przygotowanie kilku zdań na temat win, żeby mógł je sprzedać. Do obsługi prezesa Krawca nie dopuścił nikogo, a rachunek nabił zacny. Pomogło mu na pewno zamknięcie lokalu i zasłonięcie szyb – aby nikt z przechodniów nie mógł dostrzec, co działo się w środku. Zdziwiło mnie tylko, że obecny na kolacji, lansujący się wówczas na aktora niepokornego Tomasz Karolak tak bardzo zabiegał o względy prezesa i tak pochlebnie wypowiadał się na każdy temat. Dopiero później skojarzyłem, że PKN Orlen jest mecenasem teatru IMKA. Tworzenie niezależnego teatru wymaga jednak zależności, pomyślałem.

Tym, co scementowało naszą znajomość z Łukaszem, były profesjonalizm właśnie oraz poczucie bycia w przechowalni. Obaj znaliśmy się świetnie na swoim fachu i obaj z funkcji generalnych menedżerów spadliśmy do funkcji kelnerów. (Z pewnością przepłacanych, ale jednak kelnerów). Obu nam właściciele obiecali niesamowite perspektywy, w które uwierzyliśmy. To nas połączyło. To, i kilka butelek wina, które wypiliśmy po pierwszej wspólnej zmianie. Przegadaliśmy wówczas dobre kilka godzin i wyrzuciliśmy z siebie to, co leżało nam na sercach. Tak zaczęła się ta nietypowa relacja świńskiego duetu, jak siebie określaliśmy.

Kiedy pracowaliśmy razem, robiliśmy niesamowite obroty, często naciągając do granic możliwości nieświadomych gości. Klientów, którzy przyszli na kieliszek wina, potrafiliśmy przekonać do zamówienia na kilka tysięcy dzięki wspólnej obsłudze stolika i zagadywaniu ich. Ustalaliśmy konkursy, które polegały na sprzedawaniu zestawów obowiązkowych, jak w *Misiu* Barei. U nas rolę dwóch kaw i dwóch wuzetek odgrywały zazwyczaj szampan, szynka iberyjska i najdroższa polędwica świata – wagyu. Wciskaliśmy te dania każdemu, nawet kiedy ich nie chciał i kategorycznie odmawiał. Wszystko, aby nie przegrać współzawodnictwa.

Tak mijały tygodnie w restauracji-przechowalni, z której każdy z nas miał wkrótce zostać przeniesiony. Ja miałem zająć się winem w restauracji Sowa & Przyjaciele, a Łukasz zarządzać projektowaną restauracją Senses przy Bielańskiej.

Los okazał się jednak przewrotny, bo ja nie trafiłem do Sowy, a Łukasz do Senses. W wyniku różnych zawirowań ja zostałem w Ole, a Łukasz otrzymał stanowisko menedżera zmianowego właśnie w restauracji Sowa & Przyjaciele przy Gagarina 2.

W mojej ocenie zamysł tej restauracji nie był dobry. Opierał się na znanym szefie kuchni, ciekawym menu i dobrych produktach, ale niedostosowaniu cenowym. Okoliczni mieszkańcy spodziewali się niższych cen. Roberta Sowę znali głównie widzowie telewizji śniadaniowych i kibice piłkarscy pamiętający go jako głównego kucharza polskiej reprezentacji. Politycy i biznesmeni nie znali go zupełnie. Goście odwiedzający restaurację często pytali, czy właściciel to ten sam człowiek, który ma korporację taksówkarską Sawa Taxi, lub czy to „ten cukiernik Sowa"…

Po przeniesieniu Łukasza do tamtego lokalu mieliśmy więcej możliwości do spotkań i planowania wspólnych przedsięwzięć. Myśleliśmy o założeniu własnej firmy, powołaniu stowarzyszenia gastronomicznego i wielu innych rzeczach. Dzięki temu, że mieliśmy różne grafiki, wreszcie mogliśmy znaleźć na to czas. Byłem częstym gościem w mieszkaniu Łukasza. I jedną z niewielu osób, z którymi się regularnie spotykał. Opowiadał mi dużo o swoich kontaktach. Chwalił się znajomościami nie tylko w branży, lecz także wśród polityków czy agentów służb. Dzięki tym znajomościom trafiłem do Pałacu Sobańskich, do mieszczących się w nim restauracji Amber Room i Klubu Polskiej Rady Biznesu.

Droga do Pałacu (Sobańskich)

Łukasz z dużym wyprzedzeniem planował obsadzenie mnie na stanowisku sommeliera w Pałacu Sobańskich. Opowiadał o tym już kilka miesięcy wcześniej, zanim pojawiła się taka możliwość. Mówił, że wtedy zatrzęślibyśmy Warszawą i mieli dostęp do absolutnie najważniejszych ludzi w kraju. Zaczęlibyśmy grać w wyższej lidze. Było mi to na rękę, każda bowiem osoba w Polsce zajmująca się zawodowo winem marzy o pracy w takim miejscu. Wiązało się z tym zarządzanie piwniczką z winami o wartości przekraczającej milion złotych oraz możliwość próbowania wybitnych trunków. I niemal niczym nieograniczonymi możliwościami.

Okazja do zatrudnienia się w Klubie Polskiej Rady Biznesu nadarzyła się w kwietniu 2013 roku. Łukasz rozpoczął ostre lobbowanie za moją kandydaturą. Nie wiem, z kim się kontaktował. Nie wiem, w jaki sposób doprowadził do zaproszenia mnie na rozmowę kwalifikacyjną. Był bardzo małomówny. Ja zaś nie dopytywałem. Wiedziałem jednak, że taka promocja ze strony Łukasza będzie miała drugie dno.

Pracodawcy początkowo zaproponowali mi jedynie przygotowanie lokalu do uzyskania pozwoleń na samodzielny import win przez restaurację. Był to też jeden z moich pomysłów, ponieważ dalece bardziej korzystne ekonomicznie dla lokali gastronomicznych jest omijanie pośredników i kupowanie produktów bezpośrednio.

Z zadaniem tym poradziłem sobie sprawnie i niebawem zostałem głównym sommelierem przy Alejach Ujazdowskich 13. Szybko rozwijałem samodzielny import nie tylko z pobudek ekonomicznych, lecz także ambicjonalnych. Wkrótce po rozpoczęciu pracy zgłosili się do mnie przedstawiciele czołowych polskich dystrybutorów win. Wśród nich byli także ci, którzy zasiadali w jury konkursów Mistrzostw Polski Sommelierów. Wiedzieli, że dostarczanie win do Pałacu Sobańskich jest bardzo dochodowe, bowiem żadne inne miejsce w stolicy nie sprzedaje tak wielu trunków tak wysokiej jakości. Zabiegali u mnie o wprowadzenie do karty wielu swoich produktów, oferując w zamian jedno z pierwszych trzech miejsc w najbliższych Mistrzostwach Polski Sommelierów. Od tamtego momentu przestałem liczyć się z polskimi stowarzyszeniami i organizacjami winiarskimi. Systematycznie zaś wprowadzałem wina importowane bezpośrednio, z ominięciem polskich firm. Efektem było znaczne zwiększenie zysków i nagrody za przygotowaną kartę oraz... niechęć osób zawodowo związanych z trunkiem Bachusa. Byłem zawziętym idealistą, który zarządzał winami w najbardziej prestiżowym miejscu w Polsce. Plan Łukasza, ku mojemu dużemu zadowoleniu, zadziałał w pełni.

ŚWIAT GASTRONOMII I KELNERSKIE PRZEKRĘTY

Od dawna zastanawiało mnie, dlaczego na kiepsko grających piłkarzy mówi się drużyna kelnerów. Podobnie rzecz ma się z dowcipami na temat kelnerskich oszustw i złośliwości. Niewiele jest zawodów, które zostały tak bardzo zdeprecjonowane w oczach opinii publicznej.

Ci, którzy nigdy nie pracowali w gastronomii, nie zrozumieją specyfiki tej branży. Bo każda branża ma swoją specyfikę. W gastronomii obowiązują nieco inne zasady pracy. Z jednej strony kilkunastogodzinne dyżury, praca do późnych godzin nocnych oraz w święta i weekendy. Z drugiej zaś dostępność alkoholu i jedzenia oraz spotkania z ciekawymi ludźmi, którzy pojawiają się w restauracjach zarówno jako pracownicy, jak i klienci.

Restauracyjna sceneria afery taśmowej sprawiła jednak, że bardzo łatwo było ze mnie i Łukasza zrobić zwykłych pazernych kelnerów, oszustów.

Świat gastronomii jest połączeniem zakładu produkcyjnego i usługowego. Oprócz tego, że lokale gastronomiczne karmią i poją odwiedzających, pełnią także rolę miejsca spotkań. Randki, spotkania biznesowe, praca przy komputerze czy przeczekanie deszczu są równie częstymi powodami odwiedzin, co chęć zjedzenia smacznego posiłku. To wszystko sprawia, że ludzie kreatywni znajdą w branży gastronomicznej całkiem sporo furtek do dokonywania zarówno drobnych, jak i bardziej zuchwałych oszustw. Mniej odważnym pomaga wszechobecność alkoholu.

Jest wiele możliwości oszustw w restauracji. Dzieje się tak z kilku przyczyn. Przede wszystkim towar jest dość płynny. Nie mam tu na myśli cieczy (choć to też), ale łatwość manipulacji przy inwentaryzacjach. Restauracje to nie sklepy z butami, w których nietrudno policzyć, ile par sprzedano, a ile powinno zostać w magazynie. O tej płynności towaru wiedzą wszyscy, więc często nadużywają gościnności właścicieli czy menedżerów, wymuszając kawę, kieliszek wina czy obiad.

Łatwość machlojek wynika także z nieprecyzyjnych przepisów i możliwości obchodzenia prawa. Przykładem może być podatek VAT. Zgodnie z prawem wszystkie używki opodatkowane są stawką dwudziestotrzyprocentową. Jest tak z winem, wódką i kawą espresso. Inaczej jest już z latte albo cappuccino, które w świetle przepisów zawierają więcej mleka niż kawy, nie są zatem używkami i są obłożone niższą stawką podatku. Aby „zoptymalizować" podatek, wystarczy rozbić cenę espresso na sam napój wart złotówkę i dwadzieścia trzy grosze podatku VAT oraz pozostałą kwotę będącą usługą gastronomiczną, czyli przygotowaniem napoju oraz doniesieniem go do stolika, która obłożona jest już stawką ośmioprocentową.

Na oszustwa najbardziej narażone są miejsca odwiedzane przez turystów. Wiadomo, że to właśnie podróżni są najmniej skorzy do kłótni, a poza tym prawdopodobnie już więcej nie wrócą do tego samego lokalu. Z nimi można zdecydowanie więcej. Najpowszechniejszy przekręt to rzekoma awaria terminala kart płatniczych. Pracowałem jako menedżer kilku restauracji. Korzystałem z usług kilku różnych operatorów obsługujących płatności plastikiem i nigdy nie było z nimi problemu. Jeśli jakiś się pojawiał, to był rozwiązywany w dwie godziny, ponieważ wszystkim zależało na jak najszybszym usunięciu usterki. Przepraszam – nie wszystkim. Dla kelnerów zawsze najlepsza jest żywa gotówka. Dzięki niej udaje się sprzedaż bez paragonu. Goście otrzymują rachunek zapisany długopisem na kartce lub paragony, których nie zabrali goście z innych stolików.

Obsługa jednej z restauracji na krakowskim Rynku na początku dnia wybijała pojedyncze paragony na różne rodzaje kawy, herbatę oraz piwo małe i duże. Na popularnych parasolkach, czyli przy stolikach na zewnątrz, były to najczęstsze zamówienia. Przedsiębiorczy kelnerzy dzięki umiejętnej rotacji tymi dowodami zakupu byli w stanie zarobić dodatkowo przeszło czterdzieści tysięcy w miesiąc przy zachowaniu odpowiednich poziomów utargów i zgadzającej się inwentaryzacji. Jak to robili?

Posłużmy się przykładem złocistego trunku. Dziesięć małych piw po 0,3 litra jest droższe od sześciu dużych, półlitrowych – mimo że objętościowo są takie same. Przyjmując, że małe piwo kosztuje pięć złotych, a duże siedem, różnica w tym przypadku wynosi osiem złotych. W upalne dni restauracje z tarasami w okolicach Starówki sprzedawały po kilkaset piw.

Jeszcze więcej możliwości kreatywnych przekrętów dają wino czy wódka. Zresztą daje je niemal każda pozycja z restauracyjnego menu…

Dzięki pracy w miejscach z różnych półek cenowych i o różnej specyfice poznałem setki trików kelnerskich. Wykorzystywałem to. Czasami czułem się jak legendarny Kwinto z *Vabanku*, który „uchem od śledzia" potrafił otworzyć każdy sejf. W pracy zawodowej przeszedłem jednak na dobrą stronę mocy i to ja uczyłem restauratorów, jak zabezpieczać się przed kradzieżami i oszustwami. Sam często oszukiwałem, ale nigdy dla pieniędzy. Nie chodziło o ich zarabianie, ale adrenalinę i możliwość sprawdzenia siebie i własnego sprytu. Jeżeli przekręciłem jakąś kwotę, to następnego dnia zwracałem ją do kasy. Nie miałem satysfakcji z kradzieży pieniędzy. Satysfakcję przynosiło mi raczej przechytrzenie systemu oraz ludzi. Kolejne sukcesy bardzo mnie rozzuchwalały. I to nie umiejętności techniczne odgrywały tu kluczową rolę, a kreatywność.

Mój najciekawszy wałek to skierowanie rozmowy z dyrektorami departamentów pewnego banku na temat Grecji i jej niewypłacalności. Zażartowałem wtedy: „U nas też problemy, więc faktura będzie na lewo". Na zapleczu na czystej kartce nabazgrałem ołówkiem parodię faktury na kwotę niemal dwóch tysięcy złotych i podałem ją klientom. Zapłacili bez słowa, uśmiechnięci. Przez chwilę byłem bogatszy o dwadzieścia stówek. Tylko na jeden dzień, bo następnego oddałem pieniądze do kasy. Satysfakcję z przekrętu mam jednak do dzisiaj.

Innym przykładem było chwilowe przywłaszczenie przeze mnie niezwykle drogiego kompletu mebli kolonialnych z hotelu, którym zarządzał dobrze mi znany menedżer. Aby uzmysłowić mu chaotyczność jego pracy, wysłałem podstawioną ekipę tapicerską po odbiór kompletu meblowego. W skład ekipy wchodzili moi znajomi wyposażeni w koszulki, czapki i nic nieznaczący dokument o przekazaniu mebli do renowacji stolarskiej i tapicerskiej. Takiego zlecenia nigdy nie było, a stolik, ława, sofa i krzesła wylądowały w mojej piwnicy. Podejrzliwość menedżera została rozbudzona dopiero po kilkunastu dniach i pytaniu jednego z właścicieli hotelu o brakujące elementy wyposażenia. Wówczas zdecydowałem, że meble powrócą na swoje miejsce. Uczucie danej nauczki było bezcenne.

Palmę pierwszeństwa w dziedzinie kreatywności wałków przyznał mi nawet Łukasz, który w tej materii miał ogromne doświadczenie. To ja byłem jedyną osobą, która nakryła go na gorącym uczynku. Gościom, których obsługiwał, podał niefiskalny rachunek wstępny, a już po jego uregulowaniu usunął kilka pozycji i zafiskalizował, zyskując tym samym kilkadziesiąt złotych. Jego standardowym zagraniem było jednak rozdrabnianie pozycji rachunku i przemycanie wśród nich pozycji serwisu, który był jego dodatkową prowizją. W zależności od gości, ich humorów i stopnia upojenia czasem ów serwis wynosił sto, czasem dwieście, a czasem dwa tysiące złotych. Innym z jego najbardziej zuchwałych trików było systematyczne uzupełnianie prestiżowego i drogiego szampana Dom Perignon tanimi winami musującymi i udawanie otwierania butelki przy gościach. Podrabiane wino sprzedał w dziesiątkach egzemplarzy właścicielowi jednego ze stołecznych domów publicznych, sporo zarabiając na odsprzedaży pełnych butelek szampana. Co ciekawe, gdy jeden ze stałych bywalców zamówił Dom Perignona i dostał niepodrabianą butelkę, gdyż Łukasza akurat nie było tego dnia w pracy, zażądał… natychmiastowej wymiany z racji niewłaściwego smaku.

ZEMSTA KELNERA

To, co ogląda się w różnych komediach czy kabaretach, to fikcja. Kelnerzy nie bywają złośliwi z natury. Historie o pluciu do zupy można odłożyć na półkę z bajkami. Dotyczy to również opowieści o dojadaniu po gościach. Kiedy goście próbowali żartować ze mną w ten sposób, zawsze odpowiadałem, że w naszym lokalu jest odwrotnie i to klienci dojadają po obsłudze…

Niemniej czasami klienci robią wszystko, żeby na ową zemstę kelnera sobie zasłużyć. Formy karania niesfornych gości bywają bardzo różne. Z pewnością do najbardziej bolesnych należy powiększanie rachunków. Nie chodzi tu jednak o dobijanie pozycji, których nie zamówiono, ponieważ to zwykłe oszustwo i grozi eskalacją konfliktu, ale o umiejętne wykorzystanie beztroski gości. Ci, którzy nie pytają o ceny, sami są sobie winni. Nieraz udało mi się okiełznać zbytnią pewność siebie gości poprzez podanie kieliszka koniaku za… ponad tysiąc złotych albo kilku butelek wody mineralnej po niemal sto złotych każda… Zazwyczaj wtedy słyszałem: „Ale my nie zamawialiśmy kilku butelek wina, w ogóle nie zamawialiśmy wina, a jest na naszym rachunku!". Cierpliwie tłumaczyłem, że to nie wino, a wyjątkowa woda. Woda, która jest, wedle zapewnień producenta, inteligentna i współpracuje z ludzkim pH. Po tym tłumaczeniu goście pokornie płacili rachunek i… zazwyczaj wracali, jednak uważali już na wodę, którą piją.

Na takich gości mieliśmy swoje określenie, mówiliśmy wówczas, że „kucnęli". Dostali rachunek i kucnęli. Jak można bowiem inaczej zareagować, gdy do lunchu za dwadzieścia pięć złotych kelner proponuje nam kieliszek wina za złotych trzysta? Czy można nie kucnąć i nie załamać rąk, że dwadzieścia minut wcześniej nie przyszło nam do głowy zapytać o cenę trunku?

Inny rodzaj zemsty kelnerskiej to uprzykrzenie konsumpcji. Nigdy jednak nie jest to związane z ingerowaniem w jedzenie lub napoje. Niewłaściwy smak zostaje bowiem od razu wykryty, a ewentualne zatrucia grożą odpowiedzialnością karną. Niewątpliwie jednym z najpowszechniejszych żartów kelnerskich jest ekstremalne podgrzewanie łyżki (jej części, tak zwanej komory zupnej). Gwarantuje poparzenie języka jedzącego, a jednocześnie daje możliwość zrzucenia winy na gorącą zupę. Przecież łyżka była w tejże zupie zanurzona. Można też nagrzać do granic możliwości talerz i postawić go przed awanturującym się klientem w taki sposób, aby musiał go przesunąć. Kelner trzymający go przez szmatkę oczywiście informuje gości, że talerz jest lekko ciepły, ale zazwyczaj jest to przez nich ignorowane, a ignorancja kończy się soczystym „kurwa".

Skrajnie radykalne było zachowanie barmana w prestiżowym krakowskim hotelu. Na jednym z gości, który na siłę udawał znawstwo i wiedzę z zakresu win, a jednocześnie niesłychanie obrażał obsługę, barman zemścił się, mocząc na zapleczu w jego kieliszku swoje genitalia. Następnie podał mu wino z uśmiechem i oświadczył, że to na koszt firmy.

Jedną z najlepszych ripost usłyszałem w pewnym barze. Młody mężczyzna przybył do lokalu w towarzystwie dwóch kobiet. Zachowywał się arogancko i złośliwie zarówno wobec obsługi, jak i innych gości. Wreszcie podniósł rękę i pstrykał palcami, wrzeszcząc na całą salę: „Kelner! kelner!". W odpowiedzi kierownik sali na drugim końcu lokalu również pstryknął palcami, wykrzyknął: „Klient! klient!", i zupełnie zignorował tego prostaka. Przez następne kilkanaście minut pozostali kelnerzy powielali zachowanie przełożonego i lekceważyli męczącego gościa, aż ten opuścił lokal.

Sam nigdy nie mściłem się na gościach. Wolałem ich inteligentnie obrazić lub dać im do zrozumienia, że nie mają racji. Nigdy nie zaogniałem sytuacji. Częste uwagi o wygórowanych cenach i za wysokim rachunku kwitowałem ironią bądź milczeniem.

Była tylko jedna sytuacja, w której odebrało mi mowę. Zupełnie jednak inna. Dwoje starszych ludzi weszło do lokalu i od progu oznajmiło, że świętują, więc poproszą dobre wino i coś wyjątkowego do jedzenia. Dwa razy nie trzeba było mi tego powtarzać. W krótkim czasie rachunek owej pary dobił do dwóch tysięcy, a jeszcze nie zamówili deserów i kaw. Wszystko szłoby zgodnie z planem, gdyby nie serdeczność i wylewność owej pary. Opowiedzieli mi historię swojego syna, który wybudził się ze śpiączki po siedmiu latach właśnie tego dnia... Nogi się pode mną ugięły, a pot oblał mnie niczym wielu polskich europosłów po usłyszeniu pytania w języku angielskim. Postanowiłem, że rachunek zapłacą właściciele restauracji, a nie goście ani ja.

KELNERSKIE WPADKI

Kelnerzy narażeni są na wiele niedogodności i pułapek. Te przede wszystkim wiążą się z ich rolą. Są pośrednikami pomiędzy kuchnią a gośćmi. Muszą znosić humory obu stron i wielokrotnie wysłuchiwać nieuzasadnionych pretensji pod nie swoim adresem. To im obrywa się, i gdy danie jest niesmaczne, i gdy kucharzom skończyły się składniki. To oni również są winni, gdy siedzący na sali goście mają nietypowe życzenia, których kucharze nie zamierzają albo nie potrafią zrealizować.

Często jednak kelnerom zdarzają się wpadki na własne życzenie. Najpowszechniejszą jest oblanie gości daniem lub napojem. Byłem świadkiem wylania szklanki kefiru prosto do... kieszeni kurtki gościa. Sam zalałem białą marynarkę gęstym słodkim winem. Czerwonym, oczywiście. Przeprosiłem oraz zobowiązałem się do naprawienia szkód i wyczyszczenia okrycia. Zaproponowałem deser w ramach zadośćuczynienia. Był to suflet czekoladowy z orzechami. Prawo serii zadziałało w tym przypadku bezbłędnie. Ów gość był uczulony zarówno na kakao, jak i orzechy, a kelner podający mu deser potknął się i... zrzucił gałkę lodów na jego nogi.

Innym typem wpadki jest ta wynikająca z kelnerskiej beztroski. Rzecz działa się w jednej z krakowskich restauracji. Miejscowy poseł jadł kolację przy stoliku nazywanym przez obsługę romantycznym. Jego romantyczność polegała na umiejscowieniu – przy filarach – i oddzieleniu od pozostałej części sali parawanami. To sprawiało, że z daleka można było zobaczyć jedynie kawałek stołu i to, co na nim się znajduje. Goście pozostawali zaś niezauważalni. Niezauważalny dla kelnera Cypriana był również ów polityk, który zamówił wówczas polędwicę wołową i sporo dodatków serwowanych na osobnych, mniejszych talerzykach. Jednym z dodatków były opiekane ćwiartki ziemniaków. To one stały na wystającym fragmencie stołu. Rozkojarzony rozmową z kolegami kelner szedł na zaplecze, a po drodze mijał ów stolik romantyczny. I zobaczył te leżące ziemniaki. Niewiele myśląc, złapał jednego ziemniaczka, włożył do ust i poszedł do kuchni, pogwizdując przy tym. O tym, że stolik nie był pusty i że wyjadł dodatki z talerza klienta na jego oczach, dowiedział się dopiero później…

ZABAWY PRZY ALKOHOLU

Alkohol jest nieodłączną częścią pracy w restauracjach. Integruje załogę. Ludzie spędzający ze sobą kilkanaście godzin dziennie muszą się lubić i sobie ufać. Wspólnie przeżywają stresujące sytuacje i wspólnie cieszą się z wysokich napiwków. Małe zimne piwko i kieliszek wiśniówki na zakończenie dnia są często dobrym pretekstem do rozkręcenia imprezy. Czasami nie ma sensu czekać nawet do zakończenia pracy i celebrację można zacząć już w jej trakcie. A w gastronomii działa zasada znana z krajowych dróg: „Za kierownicą to nie ten sam człowiek". Wielokrotnie byłem świadkiem, kiedy ledwie trzymający się na nogach szef kuchni przygotowywał fantastyczne dania, a mający problemy z niebełkotliwą mową kelner z pełną gracją donosił je do stolika. Na palcach jednej ręki mogę policzyć wszystkie znane mi osoby z branży, których nie widziałem pod mocnym wpływem procentów.

Wielokrotnie zastanawiałem się nad fenomenem tego zjawiska. Najprostszą i najbardziej oczywistą przyczyną wydaje się być dostępność alkoholu i możliwość manipulacji przy inwentaryzacjach. W restauracjach nie sprzedaje się bowiem tylko całych butelek. Są koktajle, wina na kieliszki czy shoty wódki. Są stłuczki, są zwroty, jest użycie alkoholi do gotowania. Alkohol rotuje. Często z przystankami w gardłach pracowników. Nawet duże sieci hotelowe nie znalazły do dziś sposobu na inwentaryzację i kontrolę rzeczywistego zużycia oraz wykrycie ewentualnych braków napojów z procentami. Jeżeli ktoś twierdzi, że ma opracowany taki system, to niech mnie zatrudni. Z chęcią pomogę zburzyć ten mit.

Pracowałem w jednym z krakowskich hoteli. Podczas dyżuru śniadaniowego okazało się, że tego dnia razem ze mną na zmianie pracuje Karol. Było to o tyle kłopotliwe, że Karol pojawił się w hotelu kilka minut przede mną kompletnie pijany. Nie był w stanie ustać na nogach ani nawet wypowiedzieć słowa. Aby nie narażać go na przykre konsekwencje zawodowe, postanowiłem ukryć go w szafie. Oparłem wewnątrz o ściankę i zasunąłem drzwi. Było lato, więc sądziłem, że nikt z szafy nie skorzysta.

Pracowałem sam i pracy miałem naprawdę dużo. Nie myślałem o pozostawionym w szafie kompanie, tylko starałem się wykonywać pracę dwóch ludzi w pojedynkę. Nie myślałem o nim – aż do przeraźliwego pisku. Jedna z pań goszczących na śniadaniu postanowiła pozostawić w szafie swój letni kapelusz. Otworzyła ją, a oparty o przesuwne drzwi kelner wypadł niczym trup! I ani drgnął! Nie tylko się nie obudził, lecz nawet nie zmienił ułożenia ciała. Jak prawdziwy trup! Dziarsko ruszyłem owej pani z odsieczą. Nie tłumaczyłem. Wepchnąłem Karola do środka, a kapelusz położyłem na parapecie.

Najbardziej widowiskowa historia z tych mi znanych wydarzyła się w Łazienkach Królewskich. W prestiżowych wnętrzach restauracji nieopodal odbywała się impreza dobroczynna. Ważni goście opuścili już sale, a ich miejsce zajęli sprzątający, kucharze i kelnerzy. Rozpoczęło się *afterparty*, które rozkręciło się w zadziwiająco szybkim tempie. Kluczowym momentem był pomysł, aby podzielić się na dwa zespoły i rozpocząć rywalizację po parkowych alejach meleksami służącymi do dostarczania cateringów. Wszystko szło dobrze, jednak z czasem powszedniało. Trasę więc cały czas modyfikowano, aby dostarczyć pijanym kierowcom meleksów coraz więcej adrenaliny. Poprowadzono ją wreszcie nad stawami. Jak nietrudno się domyślić, właśnie w stawie wylądował jeden z pojazdów razem z cukiernikiem za sterem. Dopiero wówczas ochrona parku zerwała się na równe nogi i postanowiła sprawdzić powód hałasów i gwałtownego zamieszania.

ŁUKASZ

Przy klasycznym podziale stanowisk w restauracjach jedną z najważniejszych ról odgrywa *maître d'hôtel*. Pod tą nazwą kryje się szef sali, czyli zarządca kelnerów. Takie tłumaczenie bardzo jednak spłyca szerokie znaczenie tego pojęcia. Jeden z moich restauracyjnych mentorów tłumaczył obowiązki takiej osoby jako mistrza ceremonii. *Maître d'hôtel* ma zadbać o to, by goście czuli się w restauracji wyjątkowo. Mają być otoczeni atencją i serdecznością. Z drugiej strony – obsługująca osoba ma zachowywać się taktownie i wyczuwać, jaki styl serwisu goście preferują. Musi wiedzieć, czy oczekują komplementów, anegdot i rozmowy, czy raczej jedynie perfekcyjnego podania dań i napojów.

Łukasz jest bez wątpienia mistrzem ceremonii. Jest najlepszym sprzedawcą, jakiego znałem. Praca w gastronomii jest jego przeznaczeniem. Naprawdę rzadko spotyka się osoby tak pasujące do wykonywanego zawodu. Nie chodzi tu o żadne poczucie misji. Mam na myśli nałogowe przywiązanie do pracy i zwyczajną satysfakcję z jej wykonywania. Łukasz nie lubił wolnych weekendów, nie lubił świąt, nie lubił przebywania poza pracą. Po dłuższej nieobecności w restauracji wracał zawsze przygnębiony.

Starówka i Wieprz

Pierwsze związki z warszawską gastronomią Łukasz nawiązał na Starówce. Po nieudanych wojażach zagranicznych wrócił do Polski z długami. Rozpoczął poszukiwanie pracy. Miał za sobą wieloletnie doświadczenie kelnerskie w Amsterdamie, Londynie i na południu

Włoch. Z takim CV najłatwiej było dostać dobrze płatne stanowisko kelnera na Starym Mieście, więc po zaledwie kilku dniach wypytywania o pracę Łukasz otrzymał posadę w jednej z knajp obleganych przez turystów. Dzięki bardzo dobrej znajomości języków obcych oraz sprytowi i bystrości od samego początku zaczął generować obroty znacznie większe niż pozostali pracownicy. A dzięki regularnej wypłacie, napiwkom oraz przekrętom był w stanie kupić niezłej klasy samochód po zaledwie kilku miesiącach pracy.

Wraz z końcem sezonu i spadkiem liczby turystów Łukasz zdecydował się zmienić pracę. Mniej klientów to mniej pieniędzy. Trafił do słynnej Oberży pod Czerwonym Wieprzem. To był pomost pomiędzy turystami a stołeczną klientelą. Z jednej strony sporo zagranicznych i zorganizowanych grup, a z drugiej – wielu warszawskich biznesmenów, którzy lubują się w oberżowym menu. To właśnie od tych przedsiębiorców słyszałem o stosowanych przez mojego znajomego trikach sprzedażowych. Zawsze byłem pod wrażeniem jego pomysłowości. Patentem, który wzbudził u mnie największe uznanie, było sprzedawanie bigosu jako dodatku do… polędwicy wołowej. Łukasz wybrał dwa najdroższe dania w karcie i postanowił, ku trwodze kucharzy, serwować je łącznie, jako jedno. Zagranicznym turystom mówił, że to typowe polskie połączenie, Polakom zaś sugerował, że to świetna kompozycja i przełamanie smaków… Polędwica wołowa z ogromną porcją bigosu jako dodatkiem! Proceder trwał dość długo, mimo że mało kto był w stanie zjeść tak gigantyczne danie główne, szczególnie po przystawce – również wybranej przez Łukasza.

W Oberży pracowało mu się znacznie lepiej. Nie musiał już zmywać podłóg czy wynosić śmieci po skończonej zmianie. Jak wielokrotnie powtarzał, były to czynności, których nienawidził. Później w Ole na placu Trzech Krzyży wymyślił nawet specjalne określenie na wyrzucanie worków ze śmieciami: *walk of shame* (spacer wstydu). Jednym z punktów trasy do kontenera było omijanie gości siedzących w ogródku Szpilka Café. Nie dało się tego zrobić bez zwrócenia na siebie uwagi. Było to dla niego upokarzające, nawet bardziej niż mycie toalet.

Sky is the limit, czyli złote czasy Lemongrassa

Krokiem milowym dla Łukasza było rozpoczęcie pracy w restauracji Lemongrass. To miejsce od początku istnienia wzbudzało zainteresowanie i mniej lub bardziej uzasadnione podejrzenia. Ekstremalnie wysoki czynsz czy stroje dla kelnerów zaprojektowane przez czołowego polskiego projektanta w połączeniu z bezpośrednim sąsiedztwem budynku Sejmu przy ulicy Wiejskiej pobudzały wyobraźnię. Po Warszawie krążyły różne plotki o celu działalności tego miejsca. To w Lemongrassie mój kolega poznał większość wpływowych polityków i biznesmenów, których później zapraszał do Sowy.

Jego umiejętności wzbudzały uznanie nie tylko wśród pozostałych kelnerów czy menedżerów, lecz także wśród klientów. To właśnie jego zdolności sprzedażowe i łatwość w nawiązywaniu relacji z innymi ludźmi sprawiły, że wielu ważnych prezesów proponowało mu posady. Mógł pracować w ogromnej międzynarodowej korporacji na stanowisku menedżerskim z rekomendacji partnera zarządzającego albo budować sieć dystrybucyjną jednej z największych rodzimych firm. Jeden z częstych bywalców u Sowy & Przyjaciół, były senator Tomasz Misiak, rozważał nawet zatrudnienie go jako prywatnego majordomusa w swojej nowo powstającej rezydencji na Wilanowie.

Te propozycje związane były oczywiście z wyższym podstawowym wynagrodzeniem czy chociażby wolnymi weekendami. Nie było to jednak dla Łukasza decydujące. Po pierwsze, jego życiem była praca, więc wolne weekendy nie miały dla niego wartości. Na przeszkodzie do zmiany zawodu stały także bardzo słabe umiejętności w zakresie obsługi komputera. Nie znał pakietu biurowego, nawet praca w zwykłym systemie operacyjnym sprawiała mu problemy. Był człowiekiem kontaktu osobistego i rozmowy, a nie liter, liczb, klawiatur.

Jedyną z oferowanych mu posad, która nie wymagała pracy na komputerze, była ta w firmie Electus SA. Jej właściciel, Marek Falenta, określił go później w jednym z poaferowych wywiadów radiowych mianem megasprzedawcy. Łukasz opowiadał mi też o tym, jak Falenta osobiście namawiał go do podjęcia pracy i osobiście przygotował mu kontrakt. Łukasz szybko jednak przekonał się, że to nie dla niego. Były kelner nie znał się na finansach czy na skupowaniu długów, co było głównym przedmiotem działalności firmy. I przygnębiało go życie zawodowe poza gastronomią. Szybko zauważył, że w nowej pracy ciężej o premie niż w restauracji o napiwki. Poza tym całodniowa obecność w lokalu gastronomicznym nie wymagała w końcu wydawania ani złotówki na jedzenie czy picie. Zorganizowanie sobie na zapleczu śniadania, obiadu czy kolacji nie stanowiło problemu. Ten bonus sprawiał, że wydatki na życie były znacznie niższe. To również był jeden z powodów, dla których mający węża w kieszeni Łukasz po bardzo krótkim czasie zrezygnował z pracy w Electusie. I szybko wrócił do Lemongrassa. Tam czuł się jak ryba w wodzie. Znał każdy kąt, znał klientów. Znał produkty. Był w swoim żywiole.

Po powrocie niebawem też awansował. Najpierw został kierownikiem kelnerów, a później generalnym menedżerem. Dzięki wykorzystaniu umiejętności podwładnych miał czas i możliwości, aby skupić się na wyławianiu najbardziej obiecujących kontaktów na przyszłość.

Zależało mu na wpływowych politykach i biznesmenach. Często w miejscach publicznych odbierał telefon od swoich znajomych słowami: „Dzień dobry, panie ministrze" lub: „Dzień dobry, panie premierze". Miało to zwrócić uwagę ludzi na niego i go dowartościować. Często była to zwykła poza i maskarada, bowiem w ten sposób odbierał także telefony ode mnie, gdy był w towarzystwie innych osób.

Czas pracy w Lemongrassie to tak naprawdę złote lata Łukasza. Błysnął w świetle znanych i lubianych. Wreszcie był traktowany przez nich poważnie i mógł powetować sobie wcześniejsze upokorzenia. Jednym z nich było chociażby publiczne upomnienie za złamanie regulaminu. Na imprezie charytatywnej, podczas której losowano nagrodę główną, czyli ekskluzywny samochód do wykorzystania w dowolnie wybrany weekend, Łukasz do szklanej kuli z wizytówkami wrzucił kilka swoich odręcznie napisanych zwykłych karteczek. Gdy to właśnie jego imię wyczytano, szybko pożyczył marynarkę i wparował na scenę. Większość nie rozpoznała w nim człowieka, który przed chwilą podawał im potrawy i wino. Dla restauracyjnych gości wszystkie twarze kelnerów są zazwyczaj takie same. Kelnerzy są niewidzialni. Tak byłoby i tym razem, gdyby sprawa nie wyszła na jaw przez zazdrosnych kolegów. Łukasz otrzymał surową reprymendę pracowniczą.

Gdy został już menedżerem, mógł wprowadzać swoje porządki. Umiejętnie rozdzielał obowiązki, a sam spijał śmietankę za dobrze wykonaną pracę.

W Lemongrassie Łukasz rozpoczął stosowanie zasady mocnej selekcji gości. Tych, których obsługiwał po raz pierwszy, naciągał na bardzo wysokie rachunki, korzystając z ich niewiedzy. Ci, którzy wrócili, dostawali rachunki zgodnie z zasadą *sky is the limit* (limitem jest niebo), jak mawiał. Skoro przeszli selekcję i wrócili, to znaczy, że ich stać. Bardzo szybko zauważył, że sporo jest osób, dla których wydanie pięciuset czy tysiąca złotych na lunch nie stanowiło problemu. Szybko też dostrzegł chęć polityków do korzystania z zaproszeń lobbystów i biznesmenów. W świecie gastronomii te dwie gałęzie splatały się niezwykle często i ściśle. Od przedstawicieli obu uczył się bardzo dużo. Obserwował, jak jego goście rozmawiają z kontrahentami, podwładnymi, asystentami, nawet przełożonymi. Notował ich powiedzenia, trudne słowa, powtarzał gesty. Cały czas się doszkalał.

Cenne znajomości

W Lemongrassie Łukasz nawiązał kontakty z wpływowymi politykami rządzącej od 2007 roku koalicji PO–PSL. Miał naturalną łatwość nawiązywania kontaktów z ludźmi. Bardzo szybko przełamywał ich opór swoją kontaktowością. Dla jednych była to przebojowość, inni uznawali to za bezczelność. Znał jednak swoje miejsce w szeregu. O restauracyjnych gości dbał jak mało kto. Spełniał ich osobiste życzenia i zachcianki. Cały czas chciał ich utrzymywać blisko, komunikował się z nimi regularnie poprzez wiadomości SMS lub rozmowy na telefonicznych komunikatorach. Nie traktował ich jak zwykłych klientów.

Znajomości te przeniósł później do restauracji Sowa & Przyjaciele, a politycy i biznesmeni podążyli za oddanym im kelnerem. W czasach pracy w restauracji Lemongrass Łukasz bardzo zaprzyjaźnił się ze Sławomirem Nowakiem. Jak wielokrotnie opowiadał, widział w nim siebie za kilka lat. Przystojny, obyty, z gestem i trikami, którymi można zaimponować znajomym. Typowany w środowisku platformerskim na zastępcę Donalda Tuska były minister transportu, budownictwa i gospodarki morskiej lubił Łukasza. Traktował go jak dobrego znajomego. Opowiadał mu często o swoich sprawach czy problemach. Był prawdopodobnie jednym z niewielu gości, dla których kelner z Sowy & Przyjaciół nie był tylko kelnerem. To Nowak ściągał do restauracji, w których zatrudniony był Łukasz, wielu polityków i ręczył za sprawdzone miejsce. Sam wielokrotnie korzystał także z podwózek Łukasza zamiast taksówek. Po drodze opowiadał o kulisach wielkiej polityki. Podczas jednej z takich podróży minister Nowak odkrył, że… butelka półtoralitrowej cisowianki mieści się w skrytce bocznych drzwi wolkswagena golfa. „W końcu to głowa ministerialna" – podsumowywał zawsze Łukasz tę anegdotę, którą lubił się chwalić przed znajomymi.

Oprócz Sławka, jak go nazywał, istotną rolę w panteonie najważniejszych klientów Łukasza odgrywał „Wawrzyn". Piotr Wawrzynowicz, lobbysta powiązany ze środowiskiem partii rządzącej. „Złoty chłopiec PO", jak ochrzciła go prasa, był o tyle ważny, że do lokali sprowadzał wielu wpływowych gości ze świata polityki. Łukasz mógł z nim porozmawiać wprost i pozwolić sobie na poufałość większą niż z resztą.

Najlepszą charakterystyką lobbysty jest jego nagrana wypowiedź:

Piotr Wawrzynowicz: […] I jak go miałem zaplanowany w Plusie [Plus GSM, operator telefonii komórkowej – przyp. aut.]. Solorz [Zygmunt Solorz-Żak, właściciel Plus GSM – przyp. aut.] powie, że się rozstajemy, w tym momencie wyjmę z torby moją rezygnację ze wszystkich rzeczy, którą zawsze przy sobie noszę, kurwa, tylko po to, żeby wpisać datę, żeby pokazać, że też o tym myślałem. Że proszę bardzo, już mam nawet rezygnację, bo już ci chciałem tydzień temu powiedzieć, nie chciałem ci przykrości sprawiać. I na końcu wiem, że wsiądę w auto, pojadę se nad morze […]. Miesiąc nie będę musiał chodzić do pracy, bo dostanę jakąś odprawę, pogram se w gry na komputerze, kurwa, popływam motorówką. Pojeżdżę, kurwa, na torze kartingowym. To najszczęśliwszy znowuż okres w moim życiu, naprawdę. Ja nie muszę się już… Żeby se udowadniać, że jestem mądry. Ja mam milion pomysłów na życie, naprawdę, nieustanny milion pomysłów na życie, a do tego ja się nie przywiązuję, jakby do tego, co ludzi bardzo przywiązuje. Kierowca, asystentka, takie rzeczy. [...] Ja w ogóle mam to w dupie. Jakbym jutro miał oddać swoje BMW, kurwa, bo straciłem pracę, to jestem zajebiście zadowolony. Nareszcie se mini coopera kupię. Nigdy nie miałem mini coopera, a od dziecka marzyłem, kurwa, kupię se mini coopera za sześć dych używanego. I ja będę tak samo szczęśliwy, rozumiesz? A ludzie są tak zajebiście napakowani na to, że później przeżywają dramat, nie?

Łukasz wielokrotnie namawiał „Wawrzyna" na ściągnięcie do restauracji „Doktora" (czyli Jana Kulczyka). Gwarantował, że się odwdzięczy. Wiedział bowiem, że goszczenie najbogatszego Polaka przyniesie mu nie tylko prestiż, lecz także on sam udowodni właścicielom restauracji swoje wielkie możliwości. A „Doktor" również się odwdzięczy. On jeden w Warszawie był w stanie obdarowywać kelnerów napiwkami w postaci fioletowych banknotów o wysokości pięciuset euro, czyli grubo ponad dwóch tysięcy złotych. To właśnie dla Nowaka i Wawrzynowicza zamawiałem prestiżowego szampana Krug z personalizowanymi etykietami i imienną dedykacją. Było to specjalne podziękowanie za współpracę i częste odwiedziny restauracji Sowa & Przyjaciele. Prezenty za, bagatela, osiemset złotych każdy... Bez wątpienia zwróciły się, i to z nawiązką, zarówno restauracji, jak i Łukaszowi.

Wawrzynowicz był także idealnym przykładem działania zasady naczyń połączonych: powiązań biznesu z polityką i przenikania się jednego z drugą. Tu w rozmowie z ministrem Gawłowskim.

Piotr Wawrzynowicz: Rozumiesz, Staś, bo to jest pytanie, jak, jak sobie postawisz pytania, tak?

Stanisław Gawłowski: Tak, tak.

Piotr Wawrzynowicz: Bo na końcu to nie takie oczywiste, nie? Wiesz, że ja się czuję w głębokiej zażyłości z tobą i od lat staram się z tobą rozmawiać, tak żebyś, żebyśmy się prowadzili coraz wyżej, a nie coraz niżej w sensie…

Stanisław Gawłowski: Mhm…

Piotr Wawrzynowicz: …mentalnego rozwoju, tak? I zawsze o tym myślę. Jesteś osobą, o których myślę, co by miały zrobić w życiu, bo generalnie większość osób, podobnie jak ty, mam kompletnie, kurwa, w dupie, ponieważ one mają mnie w dupie.

Innym z ulubionych klientów Łukasza był pułkownik Dariusz Zawadka, wiceprezes Przedsiębiorstwa Eksploatacji Rurociągów Naftowych „Przyjaźń" SA. Znajomością z nim Łukasz chwalił się bardzo często. Wielokrotnie powtarzał, że gdyby nie jego wcześniejszy wyrok za prowadzenie samochodu pod wpływem alkoholu, pułkownik załatwiłby mu pracę w służbach. Niestety, niekaralność była warunkiem koniecznym do jej podjęcia.

Wśród ulubionych gości Łukasza prym wiedli ci, którzy lubili niezobowiązujący klimat i spokój. Łukasz zapewniał jedno i drugie. Dzięki temu zarówno w Lemongrassie, jak i u Sowy bywali politycy Polskiego Stronnictwa Ludowego z Waldemarem Pawlakiem, Janem Burym i Władysławem Kosiniakiem-Kamyszem na czele. Z dobrymi relacjami z dwoma ostatnimi Łukasz obnosił się szczególnie. Burego umawiał na spotkania z biznesmenami, licząc na procent od ewentualnej umowy czy kontraktu, a Kosiniak-Kamysz miał załatwić pracę w Grupie Puławy znajomej Łukasza. „Do kogo mam się zgłosić po pomoc w zatrudnieniu, jak nie do ministra pracy?" – pytał retorycznie (i ironicznie) Łukasz.

Serdeczne relacje utrzymywał także z politykami Platformy Obywatelskiej. Przede wszystkim z Elżbietą Bieńkowską, która odwiedzała restaurację Roberta Sowy regularnie.

W lokalu przy ulicy Gagarina często gościli także ministrowie. Bywali tam wiceminister Rafał Baniak czy wiceminister skarbu państwa, a potem prezes Giełdy Papierów Wartościowych Paweł Tamborski, wiceminister środowiska Stanisław Gawłowski. O ich możliwościach w kwestii spożytego jedzenia i alkoholu wśród warszawskich kelnerów krążą legendy.

Zaufany jadłoPOdawca

Wśród najważniejszych znajomości Łukasza zdecydowaną większość stanowili politycy Platformy. Restauracja Lemongrass z racji położenia w pobliżu Sejmu oraz dyskrecji i dzięki pokojom vipowskim, które zapewniała, była miejscem, które odwiedzali bardzo chętnie. Wystarczy wspomnieć, że to właśnie w Lemongrassie odbywały się akcje takie jak body sushi, czyli jedzenie świeżo przyrządzonego sushi z ciała roznegliżowanej hostessy przez zarządzających resortami. Rachunki za te właśnie posiłki publikowały potem media. To z Lemongrassa pochodziły wiadomości o marnotrawieniu publicznych pieniędzy przez urzędników, ujawnione, ale szybko przykryte.

Najdobitniej o zaufaniu do restauracji, a i do Łukasza, świadczyła zorganizowana naprędce prywatna feta z okazji wygranych wyborów parlamentarnych w październiku 2011 roku. Ekipa Donalda Tuska w dniu wyborów udała się na Aleje Ujazdowskie i wznosiła toasty hiszpańskim winem musującym. Zabawa była podobno długa i przednia.

Co jednak najbardziej mnie zastanawiało w tej opowieści, to fakt, że lokal nie był w ogóle wcześniej wobec polityków sprawdzany nie tylko pod kątem podsłuchów, lecz także ewentualnych zagrożeń terrorystycznych. Zgromadzenie tylu ministrów w jednym miejscu zawsze niesie ze sobą ryzyko, którego funkcjonariusze ochraniający tychże nie brali, zdaniem Łukasza, pod uwagę. Nie brali pod uwagę, bo znali jego i mieli zaufanie do knajpy, w której pracował. Dziać się tak miało z racji wcześniejszego zdania egzaminu przez obsługę restauracji.

Według opowiadań Łukasza, w 2010 roku, niedługo po wybuchu afery hazardowej, gdy ujawniono, że na polityków Platformy Obywatelskiej, by zaniechali wprowadzenia niekorzystnych dla branży hazardowej regulacji prawnych, naciskał biznesmen z tejże branży, lokal stał się miejscem spotkań jej głównych aktorów. Dwa niezależne wejścia i odseparowane pokoje vipowskie zapewniały komfort i dyskrecję. Ponoć niewiele brakowało, a Centralne Biuro Antykorupcyjne przyłapałoby na gorącym uczynku uczestników jednej z takich rozmów podczas rutynowych działań sprawdzających. Mirosław Drzewiecki i jego gość siedzieli wtedy w zamkniętym saloniku vipowskim w kompletnej ciszy przez kilka godzin, aby nie zostać nakrytymi przez funkcjonariuszy. Dyskrecja obsługi, która nie przekazała informacji CBA, zrobiła wówczas duże wrażenie na rządzących i od tego czasu w zacisznych salonikach pozwalali sobie na jeszcze więcej.

Nie tylko Platforma korzystała z gościnności restauracji Lemongrass przy Alejach Ujazdowskich. Również dezerter z jej szeregów, Janusz Palikot lubował się w tamtejszej kuchni i dyskretnym klimacie. To tam organizował spotkania i warsztaty dla członków swojego nowo powstałego Ruchu. To tam przemawiali do zebranych polityków Magdalena Środa i Jerzy Urban. Na tych zamkniętych dla dziennikarzy spotkaniach pojawiał się także… redaktor Jacek Żakowski, publicysta tygodnika „Polityka".

Łatwość nawiązywania kontaktów pomogła Łukaszowi szybko skumplować się z niewiele starszymi politykami nowej fali. Bezproblemowo przychodziło mu porozumiewanie się z ówczesnym ministrem Sławomirem Nowakiem czy asystentem ministra sportu Mirosława Drzewieckiego i współpracownikiem Grzegorza Schetyny Marcinem Rosołem, a to, że te nazwiska często pojawiały się w kontekście kolejnych afer, to już inna para kaloszy.

Przerwa

Zamknięcie Lemongrassa było dla Łukasza bolesne. Z dnia na dzień stracił wszystko, na czym mu zależało. Nie był już na świeczniku, a politycy i biznesmeni nie dzwonili do niego z prośbą o rezerwację stolika i przygotowanie czegoś specjalnego. Jednak szybko znalazł inne zajęcie.

Dzięki rekomendacji gadatliwej importerki włoskiego wina trafił do lokalu Ole. Miała to być chwilowa sprawa, przechowalnia tylko do otwarcia nowej restauracji. Nie zdecydowałby się przecież na degradację ze stanowiska menedżerskiego na kelnerskie. Szczególnie że lokal przy placu Trzech Krzyży miał charakter baru tapas, a nie prestiżowego miejsca z salkami vipowskimi. Był prosty, niewydumany, bez przepychu i bez dyskrecji. Ze wspólną toaletą dla pracowników i gości. (Swoją drogą, zawsze zastanawiałem się, co myślą siedzący przy stolikach klienci, gdy widzą wychodzącego z ubikacji kucharza z mokrymi rękoma).

Czas pracy w Ole był czasem wygaszenia kontaktów Łukasza. Do restauracji zapraszał tylko tych, z którymi znał się najlepiej. Nie chciał, aby po mieście rozniosło się, że teraz kelneruje w małym lokaliku z dobrym jedzeniem wprawdzie, ale niewyszukanym wystrojem. I zawsze miał różne wymówki tłumaczące tę zmianę w jego życiorysie. Mimo wysokich zarobków czuł się upokorzony. Przenosiny do restauracji Sowy okazały się dla niego zbawienne.

Szpieg u Sowy

Pierwotną funkcją Łukasza w restauracji było kierowanie zmianą. Nie był głównym menedżerem, ale zarządzał kelnerami, których miał pod sobą. Widać było jednak, że woli kelnerowanie od zarządzania. Przyczyniły się do tego także jego mankamenty w rachunkowości i obsłudze komputera, a tych umiejętności wymagała od niego funkcja kierownicza.

Najciekawsze było to, że głównym powodem skierowania go do Sowy była chęć współwłaścicieli lokalu do posiadania tam swojego człowieka, który będzie miał na oku poczynania ich wspólników, w tym Roberta Sowy. Działo się tak jednak bardzo krótko, gdyż Łukasz szybko zmienił front i stanął po stronie szefa kuchni, celebryty.

Współpraca zacieśniła się jeszcze bardziej w momencie degradacji, która była jednoczesnym awansem finansowym. Łukaszowi odebrano funkcję menedżerską i uczyniono z niego osobę obsługującą saloniki VIP oraz pozyskującą nowych klientów. Pozostawiono mu jednak sam tytuł kierowniczy dla jego lepszego samopoczucia. Było to spowodowane faktem, że bardziej skupiał się na obsłudze odwiedzających go klientów niż na nadzorowaniu prawidłowego funkcjonowania lokalu. Zmniejszenie zakresu obowiązków i podstawy pensji, ale podniesienie wysokości prowizji od obrotu stało się zarówno dla niego, jak i dla restauracji bardzo dochodowym posunięciem.

Szybko aktywował dawne kontakty. Wydzwaniał i esemesował do kolejnych polityków i biznesmenów. Pamiętał, co kto lubi i jakie ma preferencje. Zaczynając od starej gwardii, systematycznie poszerzał grono stałych bywalców. Czuł się coraz pewniej. Imponował innym pracownikom oraz właścicielom. Rachunki, które jego goście robili przy jednym czy dwóch stolikach, często przewyższały całodzienny obrót restauracji mogącej pomieścić jednocześnie ponad sto dwadzieścia osób. Jego agresywna sprzedaż i świetne wyniki finansowe sprawiły, że do początkowych dwóch pokojów vipowskich dorobiono trzeci, a następnie czwarty, adaptując do tego celu restauracyjne podziemia.

W karczmie (nie)bezpiecznie

Łukasz dzięki profesjonalizmowi i umiejętności dopieszczenia każdego gościa sprawiał, że politycy i biznesmeni wydawali w dyskretnych salkach vipowskich grube tysiące złotych. Czuli się tam bezpieczni. Lokal przy Gagarina z pewnością nigdy nie był najlepszy w Warszawie ani pod kątem jedzenia, ani wystroju. Był jednak okres, kiedy znajdował się na czele listy najmodniejszych miejsc gastronomicznych stołecznych elit.

Również istniejąca w przeszłości w miejscu restauracji Sowa & Przyjaciele Karczma Słupska była miejscem spotkań znamienitych gości. To tam w latach dziewięćdziesiątych spotykali się bossowie gangów. Według Jarosława S., znanego bardziej jako „Masa", który pogrążył gang pruszkowski, to właśnie tam spotykała się mokotowska wierchuszka. To również tam ustalano strefy wpływów, w tym choćby pomiędzy gangiem mokotowskim a grupą „Szkatuły". Kolejne lata były nie mniej ciekawe: w Karczmie Słupskiej zagościli dilerzy narkotykowi. To również okolice Karczmy stały się lokalizacją spektakularnej akcji podłożenia amfetaminy prezesowi VII Narodowego Funduszu Inwestycyjnego Piotrowi Adamczykowi przez byłego prezesa PZU oraz jego ojca.

Najzabawniejszy jest fakt, że duch Karczmy Słupskiej nie tylko ciągle był wyczuwalny, lecz także widoczny. Na wszystkich paragonach i fakturach widniała bowiem ciągle nazwa „Karczma Słupska Spółka Cywilna". Był to wybieg prawny nowych właścicieli, aby utrzymać koncesję na sprzedaż alkoholu pomimo sprzeciwu wspólnoty mieszkaniowej bloku przy skrzyżowaniu ulic Czerniakowskiej i Gagarina. Nikogo jednak ten szczegół nigdy nie zainteresował.

4. PIERWSZE DANIE: *RECORD*

JAK TO SIĘ ZACZĘŁO

Siedzieliśmy z Łukaszem w ogródku mekki warszawskich hipsterów, czyli Charlotte przy placu Zbawiciela. Był ciepły letni dzień, a w tle połyskiwała odnowiona tęcza.

– Zaczynamy jak najszybciej – powiedział Łukasz. – Twoim zadaniem będzie dotarcie do obsługi saloników vipowskich w Klubie Polskiej Rady Biznesu. Pracownicy muszą cię polubić i ci zaufać. Musisz mieć dostęp do najważniejszych gości, a w szczególności do doktora Kulczyka.

Nie było to zadanie łatwe, byłem bowiem osobą spoza warszawskiego środowiska, nieznającą nikogo w tamtym miejscu.

– Będziemy pracowali dla najważniejszych ludzi – mówił dalej. – Zacznijmy działać, a w trakcie będziemy dogrywać wszystkie pozostałe kwestie.

Wówczas padło po raz pierwszy i ostatni nazwisko Marka Falenty. Pojawiło się ono jednak w szerszym kontekście, jako człowieka mającego powiązania ze służbami. Łukasz mówił wtedy o współpracy z funkcjonariuszami i wadze nagrań. Nagrania takie miały zostać wykorzystane przeciwko spiskującym politykom i biznesmenom. Akcja była nieoficjalna, a pieniądze na sprzęt oraz za pracę funkcjonariuszy pochodzić miały ze środków własnych służb. Służby liczyły na zwrot z trafionych w przyszłości dealów (czyli dobitych interesów). W ten sposób Łukasz określał rozmowy biznesmenów odnośnie do planów kupna i sprzedaży akcji spółek notowanych na giełdzie. Znając te plany, funkcjonariusze mogli nabyć lub sprzedać z zyskiem odpowiednie pakiety akcji. Zyski giełdowe miały być zwrotem poniesionych kosztów i honorariów wszystkich uczestników dealu.

Sam pomysł nagrywania nie był innowacyjny. Kwestie związane z rejestrowaniem rozmów pojawiały się w polskiej polityce od dawna. Były taśmy Oleksego, Michnika, Beger czy też wrocławskich polityków Platformy. W świecie polityki nagrywanie było realnym zagrożeniem. Może właśnie dlatego wiele polskich firm budowało specjalne pomieszczenia odporne na działanie urządzeń rejestrujących dźwięk. Również kwestia nagrywania rozmów w restauracjach i podczas kuluarowych spotkań nie była nowością. Awanse z gastronomii do świata wielkiego biznesu były bardzo częste i z pewnością wielokrotnie stały za nimi niejasne intencje. Jeden ze znanych sportowych menedżerów wielokrotnie chwalił się mnie i Łukaszowi, że dzięki swojemu wprawnemu uchu mógł zamienić strój kelnera na garnitur agenta piłkarskiego.

Pomysł nagrywania nie wyszedł od nas, choć w środowisku gastronomicznym co jakiś czas pojawiały się takie koncepcje. W połowie 2013 roku do Łukasza zwrócił się nawet bezpośrednio jeden z byłych sommelierów restauracji Sowa & Przyjaciele z taką propozycją. Łukasz nie podjął jednak tematu. Chciał być poza wszelkim podejrzeniem, od kilku tygodni sam już bowiem rejestrował przebieg spotkań swoich gości.

Przedstawiony na spotkaniu plan był prosty. Mieliśmy otrzymać urządzenia podsłuchujące z wbudowaną pamięcią pozwalającą na nagranie kilkunastu godzin rozmów. Były to czarne pendrive'y z diodą i suwakiem na boku. Służył on do włączania i wyłączania rejestratora. Bateria trzymała długo, a żeby ją podładować, wystarczyło podłączyć urządzenie do komputera. Według słów Łukasza urządzenia miały być niewykrywalne przez sprzęt do poszukiwania podsłuchów. Powoływał się przy tym na swoje doświadczenia w restauracji Lemongrass oraz na znajomości z funkcjonariuszami BOR-u. Owe nośniki mieliśmy podkładać w bezpiecznych miejscach tuż przed spotkaniami i uruchamiać rejestrator. Wcześniej jednak należało je dokładnie oczyścić z odcisków palców i sformatować pamięć. Było to oczywiste ze względów bezpieczeństwa. Na wypadek znalezienia urządzenia pozbywaliśmy się tropów prowadzących bezpośrednio do nas.

Łukasz przekazał mi, że odtąd nie możemy wymieniać istotnych nazwisk przez telefon oraz w wiadomościach SMS. Szybko stworzyliśmy własny słownik określeń najczęściej bywających gości. U mnie byli to między innymi: „Doktor" (Jan Kulczyk – biznesmen, inwestor; przezwisko nadane z racji posiadanego tytułu naukowego), którego spotkania nosiły miano „operacji", „Wembley" lub „Angielska trawa" (Paweł Graś – prawa ręka premiera Donalda Tuska; *grass* to po angielsku trawa), „Tamburyn" (Paweł Tamborski – wiceminister Skarbu Państwa), „Dżejkob" (Jakub Karnowski, prezes Grupy PKP), „Lepiej mieć niż nie miedź" (Herbert Wirth – prezes KGHM Polska Miedź), „Sławek" (Sławomir Nowak – były minister transportu, budownictwa i gospodarki morskiej), „Klasyk" (Andrzej Klesyk – prezes PZU), „Millej" (Leszek Miller – były premier, poseł SLD). Wiele przezwisk cechuje brak finezji, przyznaję, ale tego wymagały czas i okoliczności. Były sytuacje, w których Łukasz oczekiwał ode mnie natychmiastowej odpowiedzi podczas rozmowy telefonicznej, więc aby nie padały nazwiska, wybierałem najtrafniej pasujące epitety. Łukasz odgadywał je w lot.

Pamiętam sytuację z czerwca 2014 roku, kiedy doszło do szybkiego spotkania prezesa Najwyższej Izby Kontroli Krzysztofa Kwiatkowskiego z biznesmenem Janem Kulczykiem. Na komunikatorze odebrałem pytanie od Łukasza, który wiedział o rezerwacji Kulczyka: „Jak przebiega operacja? Kto jest pacjentem??". Odpisałem szybko: „Dzisiaj NIKKt...". W odpowiedzi otrzymałem tylko uśmiechniętą ikonkę, Łukasz szybko bowiem rozszyfrował połączone inicjały prezesa ze skrótem nazwy instytucji.

Sytuacje moja i Łukasza były zgoła odmienne. Odmienne były także nasze strategie działania. On był twarzą restauracji i zaufanym człowiekiem odwiedzających ją gości. Ja nie miałem z odwiedzającymi tak bezpośrednich relacji. On był osobą zajmującą się w swojej restauracji wyłącznie salonikami vipowskimi. To do niego dzwonili goście oraz ich asystentki. To on dysponował numerami telefonów i nie przekazywał ich nikomu. To on wreszcie nie dopuszczał do swoich gości innych kelnerów. Miał łatwiej, a zarazem groźniej. Był pierwszym podejrzanym w przypadku wyjścia naszej działalności na jaw. I był niejako na świeczniku. Robił największe obroty i generował gigantyczne rachunki. Jego gośćmi byli najważniejsi ludzie w Polsce. Byli z nim na ty, klepali go po ramieniu, pili z nim wódkę. Pozostali pracownicy mu zazdrościli i stąd sporo zawiści i żółci wylanej pod jego adresem po wybuchu afery. Stąd też wiele mniej lub bardziej prawdziwych plotek na jego temat.

Ja byłem jednym z wielu. Nie wyróżniałem się. Wolałem chodzić w fartuchu sommelierskim niż marynarce. Nie pchałem się do napiwków i ważnych gości. Łukasz na zdobyte zaufanie pracował latami, ja nie miałem na to czasu. Moja strategia działania była zupełnie inna. Musiałem tylko znaleźć się po prostu w odpowiednim miejscu o odpowiednim czasie, aby zainstalować urządzenie rejestrujące przebieg rozmowy. W związku z tym chciałem, by moja obecność w salonikach vipowskich nie budziła zdziwienia. Chciałem, by kelnerzy przywykli do tego, że jestem tam, nawet kiedy goście nie piją wina. Pojawiałem się, aby zagadać albo pomóc w prozaicznej czynności. Bywało to ciężkie, szczególnie podczas śniadań, ale z czasem wszystko poszło po mojej myśli.

Zależało mi na sympatii i niezwracaniu na siebie uwagi pozostałych pracowników. Na walentynki przynosiłem pączki w kształcie serca dla wszystkich pracowniczek, zauważałem zmiany fryzur, nowe ubrania. Żartowałem z kucharzami, zmywającymi, ochroniarzami. Bywałem też trochę nieogarnięty i ciamajdowaty, aby nie wzbudzać niczyich podejrzeń. Dzięki temu miałem też więcej czasu i spokoju. W Pałacu Sobańskich przyjętą praktyką było bowiem, iż osoba zajmująca się winem jest również jednym z menedżerów restauracji. A to wiązało się z dodatkowymi obowiązkami, których nie chciałem się podjąć. Przekonałem więc zarząd, że zamierzam się skupić jedynie na byciu sommelierem i nie będę w stanie połączyć tego z innymi zadaniami. Taktyka zadziałała perfekcyjnie. Pracowałem samodzielnie w swoim królestwie wina. Nie pomagałem innym pracownikom, ale też nie oczekiwałem od innych pomocy. Piwniczka win stała się moją niezdobytą twierdzą.

To wszystko sprawiło, że do ostatnich dni byłem poza wszelkim podejrzeniem. Jeszcze 17 czerwca uczestniczyłem w zebraniu, którego celem było przygotowanie oświadczenia dla jednej z gazet na temat domniemanych nagrań z Pałacu Sobańskich. Uczestnictwo w tym nieformalnym sztabie kryzysowym było potwierdzeniem skuteczności mojej taktyki.

NIEUDANA PRÓBA PODWÓJNEGO WYPOWIEDZENIA

Idea nagrywania była wciągająca. W mojej wyobraźni rysowało się to jako przygoda, przygoda niemal detektywistyczna, której celem było ujawnienie nieczystych interesów i powiązań. Każdy chłopiec marzy o czymś takim w dzieciństwie. Nie miałem broni – moją bronią były urządzenia rejestrujące. Jednak już niespełna dwa tygodnie po rozpoczęciu rejestrowania rozmów chciałem zakończyć współpracę. Pragnąłem zajmować się winem, a nie brudną polityką i równie brudnym biznesem. Już pierwsze nagrane materiały uświadomiły mi powagę sytuacji. Odsłuchiwałem je w nocy i docierała do mnie ważkość tych nagrań. Z jednej strony zależało mi na jak najszybszym ich ujawnieniu, z drugiej – towarzyszył temu zwykły, ludzki strach. Domyśliłem się, że ta sytuacja może odmienić moje życie lub też mnie go pozbawić.

Była dokładnie połowa października 2013 roku. Skontaktowałem się z Łukaszem. Zaproponowałem spotkanie następnego dnia. Wcześniej udałem się na rozmowę z prezes zarządzającą spółką, do której należą restauracja Amber Room oraz Klub Polskiej Rady Biznesu. Poinformowałem ją, że przyszedłem złożyć wypowiedzenie. Oficjalnym powodem było „nieradzenie sobie z natłokiem zajęć i obowiązków". Zaproponowałem, że zajmę się jedynie kwestiami formalnymi oraz importem wina. Pani prezes odbyła ze mną długą rozmowę, przekonywała mnie do zmiany zdania i dała czas do namysłu. Byłem pewny swojej decyzji, jednak wieczorne spotkanie z Łukaszem wiele zmieniło. Powiedziałem mu, że rezygnuję z rejestrowania rozmów i z pracy w restauracji.

Przyjął to dość spokojnie, choć grymas złości na twarzy świadczył o jego niezadowoleniu.

Usłyszałem:

– Wiesz, że to się może źle dla ciebie skończyć? Wiesz o wszystkim, uczestniczysz w tym i masz u siebie nagrania. Wiesz, że może stać ci się krzywda? I to szybciej, niż ci się wydaje... – Zawiesił głos. – Mogę przekazać twoją decyzję górze, ale ściągasz na siebie duże ryzyko... Lepiej byłoby, gdybyś wytrzymał co najmniej do końca czerwca 2014 roku lub najpóźniej do wyborów samorządowych na jesieni. Projekt się zakończy i wszyscy będą zadowoleni. Pamiętaj, że wejść jest znacznie łatwiej, niż wyjść.

Następnego dnia przekazałem pracodawcy decyzję, że zostaję. Postanowiłem jednak rejestrować rozmowy na swoich zasadach. Na moich plikach nie pojawiły się żadne kwestie obyczajowe i towarzyskie. Nie było wśród nich spotkań prywatnych i rodzinnych. Skupiałem się na spotkaniach polityków i biznesmenów. Celem miało być wykrycie nieprawidłowości, nigdy zaś szantażowanie nagranych.

CODZIENNA RUTYNA, CZYLI NIECODZIENNE TECHNIKI NAGRYWANIA

Mechanizm mojego działania za każdym razem był taki sam. W momencie, kiedy któryś z menedżerów Klubu Polskiej Rady Biznesu rozpoczynał przygotowania saloniku vipowskiego do podjęcia gości, pojawiałem się i zagadywałem go. I pozostawiałem pendrive rejestrujący. Z czasem nabyta praktyka pozwoliła mi do perfekcji opanować właściwe ułożenie. Wielu ekspertów już po wybuchu afery z powagą i pewnością siebie przekonywało o podkładaniu urządzeń rejestrujących pod stół. Taka sytuacja nigdy się nie zdarzyła. Przyklejanie pendrive'a do blatu lub zostawianie go w jego okolicach wiązało się ze sporym zagrożeniem odkrycia urządzenia.

Starałem się być zawsze bardzo ostrożny. Zgodnie z otrzymanymi instrukcjami każdorazowo niezwykle dokładnie przecierałem szmatką lub chusteczką pozostawiany pendrive rejestrujący. Najczęściej włączałem nagrywanie, a dopiero później pozbywałem się odcisków palców. Kolejnym krokiem było znalezienie odpowiedniego miejsca.

W Pałacu Sobańskich było kilka gabinetów vipowskich. Na niskim parterze znajdowały się dwa saloniki – Warszawski i Polski. Pierwszy z nich, większy, z wyjściem na niewidoczny od ulicy taras, urządzony był w stylu przedwojennym. Najbardziej oczywistymi, a jednocześnie najlepszymi lokalizacjami wydały mi się od razu przestrzenie pod starymi komodami. Pendrive'y wsunięte w głąb mebla lub schowane za nogami doskonale zbierały głosy rozmawiających.

A komody pozwalały na szybkie usunięcie urządzeń. Możliwe to było, nawet kiedy przy stole siedzieli już uczestnicy spotkania, ponieważ meble te służyły mi jako stolik pomocniczy do otwierania wina. Wystarczyło zatem niechcący upuścić korek lub sreberko z szyjki butelki, a następnie w pozycji kucającej pozostawić lub wyjąć urządzenie. Kilkukrotnie skorzystałem z takiej sposobności, widząc ważnych gości, którzy przybyli niezapowiedziani, lub też usuwając pendrive, który miałby rejestrować spotkanie rodzinne lub towarzyskie. Sprawy prywatne mnie nie interesowały. Moim celem było zdekonspirowanie nitek prowadzących od biznesu do polityki.

Takowe spotkania zaś odbywały się zwykle w Saloniku Polskim zlokalizowanym naprzeciwko Warszawskiego. Był on jednym z częściej odwiedzanych. Znacznie mniejszy, bowiem tylko czteroosobowy, dyskretny, z niewielkimi oknami sprawiał wrażenie intymnego. Urządzony nieco bardziej nowocześnie, utrudniał zadanie odpowiedniego ulokowania rejestratora. Metodą prób i błędów dotarłem do niewielkiej wnęki, która dzięki przystawionej konsoli osłaniała sprzęt przed zdemaskowaniem. Niestety, dostęp do niej nie był już tak swobodny i każdorazowe zbliżenie się i próba ingerencji wzbudzałyby z pewnością spore zainteresowanie.

Oba saloniki zlokalizowane były w części klubowej Pałacu Sobańskich. Budynek dzielił się bowiem na dwie części: część klubową, dostępną jedynie dla członków Klubu Polskiej Rady Biznesu lub zorganizowanych grup, oraz ogólnodostępną dla wszystkich gości część restauracyjną, czyli Amber Room. Niski parter i pierwsze piętro przeznaczone były dla klubowiczów, a oddzielający je wysoki parter otwierał swe podwoje dla wszystkich chcących wydać dużą sumę pieniędzy w ekskluzywnym lokalu. Wysoki parter i jego sala restauracyjna również bywały miejscem spotkań, jednak zazwyczaj były to spotkania towarzyskie, niemające charakteru poufności. Pewne dozy dostojeństwa, prestiżu i wytworności wynikające również z bardziej zdobionych dekoracji oraz nakryć stołu sprawiały, że wielu gości wolało to miejsce.

Tak było między innymi z Józefem Wojciechowskim i Romanem Giertychem, którzy spotykali się w sali restauracyjnej kilkukrotnie. Z rozmów tych zapamiętałem tylko dwie rzeczy. Pierwszą z nich był fakt, że właściciel firmy developerskiej uwielbia kalifornijskie wino Opus One, sprzedawane w restauracji za około dwa i pół tysiąca złotych. Drugim zapamiętanym faktem były fikuśne krawaty byłego ministra edukacji i wicepremiera. Sprawiały one wrażenie zatrzymanych w czasie: pasowały do lat osiemdziesiątych. Kiedyś w wywiadzie dla „Gazety Wyborczej" Giertych stwierdził, że ubrania kupuje mu żona, a on wybiera… jedynie krawaty.

Najwyższy poziom, dostępny wyłącznie dla członków Klubu Polskiej Rady Biznesu, stanowiło pierwsze piętro. Były tam trzy gabinety, które po podziale mogły służyć jako pięć niezależnych saloników vipowskich. Pierwszym z nich był niegdysiejszy gabinet Jana Wejcherta. Było to miejsce jego pracy, a zarazem spotkań, ponieważ oprócz biurka znajdowały się tam kanapa, niewielki stolik oraz dwa wygodne fotele. Dostęp do tego pomieszczenia był mocno reglamentowany. Korzystać z niego mogła rodzina Wejchertów oraz doktor Jan Kulczyk.

Dla pozostałych członków Klubu gabinet ten był zazwyczaj niedostępny, zamknięty na klucz. Klucz, który dorobiłem w punkcie na placu Zbawiciela bez większego problemu. Wówczas i ja dołączyłem do ekskluzywnego grona bywalców. Pozwoliło mi to na nieograniczony wstęp do tego pomieszczenia i zostawianie lub usuwanie urządzenia rejestrującego. Umieszczałem je zawsze pod jednym z foteli.

Praktyka pokazała, że jakość nagrań jest najlepsza właśnie z tego miejsca. Zabawne, że podczas przeszukania gabinetu funkcjonariusze Agencji Bezpieczeństwa Wewnętrznego nakryli na gorącym uczynku... jednego z menedżerów tam pracujących. Starał się on poprawić jakość działającego telewizora, jednak w tamtych okolicznościach widok człowieka grzebiącego za szafką z kablami w ręku musiał wzbudzać oczywiste skojarzenia.

Oprócz gabinetu JW na piętrze znajdował się także przestronny gabinet brydżowy, z dużym okrągłym stołem na środku. Przylegał do niego także balkon. Brak dodatkowych mebli w pomieszczeniu sprawiał, że jedynymi miejscami, w których mogłem pozostawić nośniki rejestrujące, były... doniczki z kwiatami. Starałem się więc delikatnie okładać pendrive'y warstwą ziemi i liśćmi, aby uniknąć dekonspiracji i uchronić urządzenia przed podlaniem wodą przez panie sprzątające.

Ostatnią część pierwszego piętra stanowiły tak zwane gabinety europejskie, które mogły służyć jako jedno duże pomieszczenie lub też jako trzy mniejsze. W dwóch skrajnych pokojach, stylizowanych na prywatne biblioteki, doskonałymi kryjówkami były regały z książkami. Czarny pendrive wetknięty pomiędzy opasłe tomy był właściwie niedostrzegalny. Gorzej sprawa miała się z częścią środkową, w której nie było bezpiecznej skrytki. To właśnie w tym pomieszczeniu w czeluściach obudowy grzejnika utknął mi pendrive na kilka miesięcy. Wyjąłem go dopiero kilka godzin przed sprawdzaniem pomieszczeń przez funkcjonariuszy ABW.

Co ciekawe, nie byłem jedyną osobą rejestrującą nagrania w Pałacu Sobańskich. Pierwszy raz przekonałem się o tym w połowie grudnia 2013 roku. Jeden z biznesmenów, popijając koniak w towarzystwie przedstawiciela Ministerstwa Skarbu, nagle wyciągnął z kieszeni iPhone'a, paczkę marlboro oraz… czarny pendrive! Uzupełniając jego kieliszek, upewniłem się, że pendrive jest dokładnie taki sam jak te, z których my korzystaliśmy. Szybko sprawdziłem w internecie historię obu panów. Biznesmen prowadził negocjacje dotyczące prywatyzacji i nagraniem nieformalnej rozmowy mógł później naciskać na urzędnika, gdyby ten powiedział parę zdań więcej, gdyż oficjalnie byli po dwóch stronach barykady.

Inna sytuacja przydarzyła się kilka miesięcy później, w marcu 2014 roku. Pracujący w restauracji menedżer znalazł rozbity i utopiony w sedesie czarny pendrive. Nośnik ten został sprawdzony przez agencję ochroniarską i po kilku miesiącach przekazany prokuraturze. Impulsem do tego stał się dopiero wybuch afery taśmowej. Nie znam jego dalszych losów.

***

Strategia Łukasza była odmienna niż moja. Na początku podobnie jak ja lokował pendrive'y w osłoniętych miejscach. Podczas jednej z kolacji został jednak niemal zdekonspirowany, ponieważ do wieży odtwarzającej muzykę dorwał się Sławomir Nowak, który postanowił uraczyć gości autorską playlistą. I przesunął leżące za sprzętem muzycznym urządzenie rejestrujące jego poczynania. Od tego momentu Łukasz zmienił taktykę.

Z racji kilkukrotnego przeszukiwania pomieszczenia przez funkcjonariuszy Biura Ochrony Rządu wiedział, że musi być czujny. Akcje te często trwały przeszło dwie godziny i przeprowadzane były z dużą skrupulatnością. Za każdym razem kończyły się jednym wnioskiem: „Bezpiecznie". Wtedy do gry wkraczał Łukasz, który wyczyszczony z odcisków palców pendrive owijał w białą ściereczkę kelnerską, która nie budziła niczyich podejrzeń. Tylko on obsługiwał saloniki vipowskie, więc nie było zagrożenia, że ktoś inny użyje jego serwetki.

Obsługa ta czasem bywała trudna, bowiem w restauracji Sowa & Przyjaciele były trzy pokoje vipowskie, a z czasem zdecydowano się na stworzenie kolejnego z racji świetnych wyników sprzedażowych Łukasza.

Pierwszy mieścił się zaraz na wejściu. Zwany był Biblioteką z racji tapety z książkami zdobiącej ściany. Było tam elegancko, ale nie stylowo. Pomieszczenie to zostało zaadaptowane na salkę vipowską z wcześniej funkcjonujących tu delikatesów z ekskluzywnymi produktami. Popyt na dyskretną i komfortową atmosferę był wszak znacznie większy.

Kolejnym takim miejscem była Cygarownia. Pomieszczenie z własnym humidorem na cygara przypominało wystrojem dyskretne wnętrze klubu muzycznego. Ciemna zieleń mebli i dywanu doskonale komponowała się z tapetą, na której widniały banknoty dolarów o różnych nominałach. Początkowo miało być to pomieszczenie ogólnodostępne dla wszystkich gości, którzy po obiedzie będą mieli ochotę na dobre cygaro. Z czasem jednak zyskało status VIP roomu dostępnego tylko przez rezerwację.

Trzecim miejscem, równie często odwiedzanym, była dwuczęściowa salka na tyłach restauracji. Składała się ona z dwóch pomieszczeń. Jedno to była część jadalna, drugie zaś związane było z relaksem. Znajdowały się tu kanapy, fotele oraz sprzęt audio-wideo. Była to także jedyna sala posiadająca oddzielne wyjście. Sąsiadowało ono z niepozornym wyjściem dla personelu i często właśnie nim ze spotkań wymykali się niezauważeni ich uczestnicy. Po kilkunastu miesiącach efektywnej pracy Łukasza w restauracji przy Gagarina właściciele postanowili dołożyć kolejną salkę, tym razem w podziemiach.

VIP roomy działały w restauracji Sowa & Przyjaciele tak dobrze, że przerosło to oczekiwania wszystkich zarządzających. Dwie kolacje odbywające się w salonikach vipowskich przewyższały często całodniowy utarg restauracji. To politycy i biznesmeni byli największymi tytularnymi przyjaciółmi Roberta Sowy. To dzięki nim restauracja osiągała dobre wyniki finansowe. Brak tych spotkań spowodował zamknięcie lokalu w niespełna rok po wybuchu afery.

DOBICIE TARGU

Od początku stycznia 2014 roku Łukasz wyraźnie na mnie naciskał, abym skoncentrował się na rejestracji rozmów miliardera Jana Kulczyka oraz prowadzonej przez niego akcji przejęcia pakietu kontrolnego spółki skarbu państwa CIECH SA. Zazwyczaj z zadań wywiązywałem się bez problemu, zdarzały się jednak sytuacje, w których bywałem bezsilny. Czasem nie mogłem zarejestrować ani minuty rozmów. Było kilka spotkań Jana Kulczyka, do których dochodziło nie w restauracji, a w samochodzie znajdującym się na parkingu przed Pałacem Sobańskich. Czarne audi A8 na niemieckich numerach z przyciemnianymi tylnymi szybami stawało się areną rozmów, które trwały nieraz ponad pół godziny. Bywało tak, że zaraz po tej rozmowie miliarder po prostu odjeżdżał, nie wchodząc do restauracji wcale. W takich momentach Łukasz żartował, że powinienem wyjść z dwoma kieliszkami szampana i zaproponować go rozmówcom, przy okazji pozostawiając urządzenie.

Pierwsze cztery miesiące roku upłynęły pod znakiem spotkań miliardera z politykami. Biznesmenowi zależało na dotarciu do Donalda Tuska i sfinalizowaniu dużego planu, którego ważnym ogniwem było nabycie pakietu kontrolnego spółki CIECH SA. W tej sprawie spotykał się z najważniejszymi osobami w państwie. W pierwszych, pozornie niewinnych rozmowach przewijał się temat konfliktu na Ukrainie. Nie sposób nie zauważyć, że był on nie na rękę miliarderowi. Jego plany związane z inwestycjami energetycznymi u naszego sąsiada miały zagwarantować jego dominację w tej części Europy. Do gry włączony został Aleksander Kwaśniewski, który pracował wówczas dla miliardera. Z treści nagranych w obu restauracjach rozmów wnioskować można, że Kwaśniewski zgrabnie połączył misję wyznaczoną przez Wspólnotę Europejską, w której razem z Patem Coxem próbowali ratować pokój, z ochroną interesów swojego pracodawcy. Przychylni Kulczykowi mieli być ludzie Julii Tymoszenko wraz z nią samą. Byłą ukraińską premier Kwaśniewski popierał jako jeden z nielicznych w Ruchu Europa Plus, który współtworzył. Jej powrót na kijowskie salony z pewnością byłby na rękę najbogatszemu Polakowi, ponieważ jak sam opowiadał, był z nią dogadany. Sytuacja stabilizowała się jednak. Gdy rewolucja zmiotła z urzędu prorosyjskiego prezydenta Ukrainy Wiktora Janukowycza, do władzy doszli ludzie, z którymi budowanie biznesu miało być dla Kulczyka łatwiejsze. W rozmowie z Radosławem Sikorskim najbogatszy Polak przedstawił to dobitnie.

Jan Kulczyk: No posłuchaj, ja mam, tak się naprawdę składa, że jesteśmy w superrelacjach, mój człowiek, który był moim prawnikiem, został ministrem sprawiedliwości. Ten minister energetyki. Bardzo dobrze go znam.

Radosław Sikorski: To jest najlepsza ekipa, jaką kiedykolwiek Ukraina miała.

Jan Kulczyk: Absolutnie. Przyjaciel tego Jacyniuka, który jest szefem, członkiem parlamentu, chyba wiceprzewodniczącym, i jest szefem komisji energetyki czy bezpieczeństwa energetycznego, tam atomówki, tego wszystkiego, więc wiesz, oni tam mają rady ministrów, to jest po prostu jego człowiek. Co ja z nim uzgadniam, to jest. I wiesz, ja podpisałem z nim, nawet nie uzgodniłem, taki list-umowę, że stanąłem na czele takiego komitetu włączenia ukraińskiej energetyki do Unii Europejskiej. Tam jest Buzek też, tam jest w ogóle parę osób z Zachodu. Dobrze to wygląda. I to, co my w tej chwili, ja się z nimi widziałem trzy razy w ostatnim czasie.

Radosław Sikorski: Zrobiłeś dobrą robotę.

Jan Kulczyk: Tak. [...] Chcą mi na dwadzieścia lat sprzedać cały prąd z tych elektrowni atomowych.

Kulczyk rozpoczął zabieganie o korzystne nastawienie premiera do własnych pomysłów. Doskonale zdawał sobie sprawę z ostrożności Donalda Tuska, jednak na koncie miał już spore sukcesy. Jednym z nich była misja biznesowa polskich polityków i przedsiębiorców na Czarnym Lądzie z końcem 2013 roku. Inicjatywa bogacza została dobrze przyjęta i zrealizowana przez ówczesny rząd. Spotkanie polskiego premiera z nigeryjskim prezydentem Jonathanem Goodluckiem umocniło pozycję biznesmena w Afryce. Udowodniło ważną pozycję Kulczyka, za którym stoi polski rząd. Bardzo szybko podpisano porozumienie w sprawie konsultacji polsko-nigeryjskich na poziomie ministerstw.

Nietrudno się domyślić, że była to sytuacja nader korzystna dla spółki wydobywającej w Nigerii ropę naftową, w której polski przedsiębiorca posiadał czterdzieści procent. Zwieńczeniem dążeń biznesmena była wyprawa urzędników Kancelarii Prezesa Rady Ministrów z Donaldem Tuskiem na czele do Republiki Południowej Afryki oraz Zambii w październiku 2013 roku. Plany tej wizyty powstały podczas jednego ze spotkań Kulczyka z przedstawicielem polskiego rządu. Nie wiązała się ona z żadnymi konkretnymi działaniami i finalizacjami ważnych umów, choć angażowała najważniejszych doradców premiera. Media pisały o „safari Tuska", na które pojechał wraz z żoną. Dla mnie zaś najbardziej widocznym efektem wyprawy była chwilowa moda winiarska: po powrocie biznesmenów i polityków na stołach restauracyjnych zdecydowanie częściej zaczęły pojawiać się wina z Republiki Południowej Afryki.

Tym razem zadanie było jednak znacznie trudniejsze, bo dotyczyło nie odległego kontynentu afrykańskiego, a lokalnego podwórka. Do bezpośredniego spotkania na linii premier–biznesmen w restauracjach nie doszło, jednak kilkukrotne wizyty Pawła Grasia w Klubie Polskiej Rady Biznesu stały się podwaliną dalszych negocjacji. Miliarder sondował stanowisko prezesa Rady Ministrów i swoją pozycję w tej układance. Podczas rozmów nie padały konkretne liczby i daty, jednak sporo było dyskusji dotyczących przyszłej polityki. Temat odbywających się wówczas górniczych protestów również stanowił element spotkania. Pomysłem miliardera była inwestycja polskiego rządu w zagraniczne kopalnie węgla, w których koszt wydobycia jest znacznie niższy niż w Polsce, a następnie ich połączenie z krajowymi. Dzięki takiemu uśrednieniu ceny można byłoby utrzymać poziom rentowności w kwestii eksportu, a jednocześnie stopniowo wygaszać kolejne kopalnie. Miliarder snuł ambitne plany w kwestii energetyki. Jego wizja zakładała unię energetyczną Polski i Ukrainy. W efekcie Kulczyk stawałby się monopolistą w tej części kontynentu.

Warto nadmienić, że cechowały go i otwartość, i subtelność. Przedstawiał swoje plany w taki sposób, że uczestniczący w spotkaniach z nim politycy wychodzili z przekonaniem, że to wspólny pomysł, którym warto pochwalić się przed „kierownikiem", jak ministrowie powszechnie nazywali premiera. Z ekonomicznego punktu widzenia propozycje prezentowały się spójnie i logicznie – przynajmniej dla takiego laika jak ja. Rządzący ustalali jednak scenariusze działań wspólnie z najbogatszym Polakiem poza wszelkimi protokołami i z ominięciem procedury pozwalającej na równe traktowanie innych przedsiębiorców. Państwo oddawało w ręce Kulczyka strategiczną część bardzo dochodowej spółki, jaką był CIECH.

„Tamborek”

Taktyka przedstawicieli koalicji rządzącej opierała się na wysyłaniu na spotkania „drugiego garnituru”. W ważnych rozmowach brali udział zaufani zastępcy, a nie szefowie. To Paweł Graś, a nie Donald Tusk, oraz Paweł Tamborski, a nie Włodzimierz Karpiński rozmawiali o prywatyzacji CIECH-u z Janem Kulczykiem. Taka strategia pozwalała na większy sukces negocjacyjny. Sukces na konto państwa polskiego lub prywatne. Zwarcie szyków i konsekwencja uchroniły później wielu z tych negocjatorów.

Negocjacje z miliarderem prowadził właśnie wiceminister Paweł Tamborski. W resorcie zajmował się kwestiami związanymi z konsolidacją wielkich zakładów chemicznych, stąd naturalna wydawała się jego kandydatura. Był także zaufanym człowiekiem „kierownika”. Kierujący resortem skarbu z ramienia PSL Włodzimierz Karpiński nie budził takiego zaufania Donalda Tuska.

Rozmowy Tamborskiego z Kulczykiem odbyły się kilkukrotnie. Były ważne dla biznesmena, rozmawiano bowiem o cenie i warunkach. Na jedno ze spotkań miliarder dotarł prosto z lotniska, przepraszając swoich gości za strój, czyli dżinsy i marynarkę zamiast garnituru. Tamborskiemu zawsze towarzyszył Tomasz Zganiacz. Był jak cień kroczący za wiceministrem skarbu. Odzywał się mało i widać, że bywał zapraszany jedynie w roli specjalisty i doradcy. Rozmowy z przedstawicielami Skarbu Państwa były następstwem kilku spotkań miliardera z Pawłem Grasiem. Po nich nastąpiło gwałtowne przyspieszenie działań. Teraz do rozmów obie strony przystąpiły już z pewnym zarysem ustaleń i mimo teoretycznych negocjacji ton sprawiał wrażenie, że zakup akcji w dobrej cenie przez miliardera będzie korzystny dla wszystkich. To właśnie dlatego Tamborski bezpośrednio ingerował w decyzje walnego zgromadzenia akcjonariuszy, dzwoniąc i nakłaniając do niepodejmowania decyzji niekorzystnych dla biznesmena. To z jednego z takich spotkań pochodziła przechwycona przeze mnie notatka. Każdemu z tych spotkań towarzyszyły oczywiście butelki czerwonego wina z regionu Bordeaux z ulubionego rocznika biznesmena, 1995. Przychylnie o planach przejęcia CIECH-u wypowiadał się także Jerzy Kurella, były prezes PGNiG, który spotkał się z biznesmenem w połowie kwietnia 2014 roku. Warto odnotować, że jako jedyny z gości najbogatszego Polaka odmówił wypicia wina, twierdząc, że jeszcze ma sporo pracy tego dnia.

Dobrze, że nie przylecieliśmy razem, bo znowu by gadali…

Doktor Jan Kulczyk rozmowę z ministrem spraw zagranicznych Radosławem Sikorskim zaczął entuzjastycznie:

Jan Kulczyk: No witaj. Jak ci minął dzień? Ciężko?

Radosław Sikorski: Pracowity dzień, prosto z Wrocławia przyleciałem.

Jan Kulczyk: A widzisz! Ja też dzisiaj przez Wrocław leciałem, to cię mogłem zabrać swoim samolotem i byśmy razem przylecieli!

Radosław Sikorski: Wiesz, może to i lepiej, bo jeszcze by ktoś zobaczył i znowu byłoby gadanie, że minister lata samolotem biznesmena. (śmiech)

Po tym kurtuazyjnym początku panowie zasiedli do kolacji. Na stole, jak za każdym razem, gdy doktor Kulczyk zapraszał swoich gości, pojawiło się bordeaux z 1995 roku. Tym razem była to butelka klaretu Château Palmer za dwa tysiące dziewięćset złotych. Z racji późnej godziny, bowiem było już po dwudziestej, kolacja była lżejsza. Ryby jako danie główne i zupa oraz sałatka na przystawkę.

Był koniec marca 2014 roku. Kryzys ukraiński powoli tracił na impecie i zainteresowanie nim mediów spadało. A to on był głównym tematem rozmowy. Radosław Sikorski po wypowiedzeniu słynnego już zdania strofującego tamtejszą opozycję: „Jeśli tego nie podpiszecie, wszyscy będziecie martwi", wyrastał na męża stanu i lidera dyplomacji środkowoeuropejskiej. Kulczyk o tym doskonale wiedział i zamierzał to wykorzystać. Jego pomysł zakładał inwestycję w ukraińską energetykę i zostanie europejskim potentatem.

Jan Kulczyk: Słuchaj, z tego powodu, że tak jest w historii, że kiedy my walczymy o węgiel, a Rosjanie... I to jest fakt, i to ci ktoś wyciągnie: po co my walczymy? Po drugie...

Radosław Sikorski: Jesteśmy mistrzami w walczeniu o nie swoje interesy.

Jan Kulczyk: Tak, to jest druga sprawa. Posłuchaj, koszt energii wynikający z tego faktu, że ten węgiel produkujemy tak drogo... No przecież my musimy dbać o polską gospodarkę. Z całym szacunkiem, nie wiem, ile tam jest w tej chwili tych górników. Sto tysięcy?

Radosław Sikorski: Yhm.

Jan Kulczyk: Może nawet już nie. Ja rozumiem, że dzisiaj przedwyborczo trzeba. Rozumiem. Nie dyskutuję. Jak ktoś mówi: „Donald, po co? Są wybory, zostawcie". Natomiast potem trzeba to zupełnie zmienić. To, co było dzisiaj naszym przekleństwem – położenie. Naprawdę, weźmy przejmujmy energetykę ukraińską. Ja ci to zrobię. Radek, ja ci to zrobię. I nagle się staniemy... Zamieszamy. Ja bym chciał, tak jak powiedziałeś, kupić Kohlera [prawdopodobnie chodzi o firmę Kohler Power; tego nie udało się wyjaśnić – przyp. aut.]. Następną rzeczą, którą chciałbym kupić, to chciałbym kupić E.ON [spółka energetyczna z siedzibą w Düsseldorfie w Niemczech – przyp. aut.]. Ma stare rozwiązania, stare. Dmuchnę nimi.

Innym wątkiem rozmowy była korupcja w Polskich Sieciach Elektroenergetycznych. Ton Kulczyka wskazywał na olbrzymi zarzut wobec polskich urzędników i był mocną sugestią do forowania interesów lokalnych biznesmenów ze strefy wpływów Kulczyka, a nie jak dotychczas korumpującego pracowników administracji państwowej ukraińskiego miliardera Rinata Achmetowa.

Jan Kulczyk: Uważamy, że on [Achmetow - przyp. aut.], krótko mówiąc, no, gra może nie nie fair... No, podejrzewamy, że gra... Wiesz... No, w stronę rosyjską. [...] Na siebie znaczy, gra na siebie, że w Doniecku jest taka sytuacja, że on bez eksportu z Rosją nie żyje, krótko mówiąc, w związku z powyższym na niego nie mogę liczyć. Ale co ważniejsze, on [przychylny planom Kulczyka ukraiński polityk - przyp. aut.] mi powiedział: „Słuchaj, podjęliśmy decyzję absolutnie najważniejszą, że likwidujemy monopole i będzie, nazwijmy to, demonopolizacja. On [Achmetow - przyp. aut.] ma 85 procent [...]. A tam jest tak. Jego firma tutaj tych chłopaków już w PSE [Polskie Sieci Elektroenergetyczne - przyp. aut.] skorumpowała, ale piętro niżej tam. I oni już byli gotowi, tylko że my weszliśmy i nagle się okazało... Bo oni chcieli podłączyć Achmetowa tak, żeby tylko Achmetow mógł eksportować, nie. Majchrzak wie. Myślę, że ta sprawa jest zażegnana. I jest druga rzecz, która moim zdaniem... Znaczy tak: jak my włączymy ten system, słuchaj, to jest, moim zdaniem politycznie macie do rozegrania fenomenalną rzecz.

Plan miliardera zakładał korzystanie z taniej energii wytwarzanej na Ukrainie, budowy sieci przesyłowych do Niemiec i gazoportu w Świnoujściu. Dzięki takiej operacji elektrownia atomowa w Polsce stawałaby się niepotrzebna, a spółki zarządzane przez Kulczyka zgarnęłyby fortunę. Znaczna część finansowania inwestycji pochodzić miała ze środków unijnych.

Jan Kulczyk: [...] Wtedy mówimy tak: ich system mamy podłączony wyjściowo, a elektrownie atomowe normalnie funkcjonują, są zielone.

Radosław Sikorski: My wtedy nie musimy naszych budować.

Jan Kulczyk: Nie musimy budować, a dwa...

Radosław Sikorski: Kupę kasy...

Jan Kulczyk: ...ten tani prąd, ja mówiłem już o tym Pawłowi Grasiowi i ten, no, i Włodkowi Karpińskiemu. Bo wiesz, co się wtedy dzieje. Wtedy jest czas, jest trochę czasu na dofinansowanie, nazwijmy to w cudzysłowiu [tak w oryginale - przyp. aut.], tego węgla, tego wiesz, drogiego, bo wtedy zrobimy ceny średnie.

Minister spraw zagranicznych doskonale wiedział, że dobrze być po stronie biznesmena, gdyż ten może zaproponować dostatnią emeryturę. Przykłady polityków, którzy rezygnowali ze swoich zajęć na rzecz pracy u biznesmena i sowitego wynagrodzenia, robiły wrażenie. Szef polskiej dyplomacji był zatem żywo zainteresowany uczestnictwem w projekcie. Opisując swoje plany, wspomina o perspektywie objęcia stanowiska komisarza europejskiego do spraw energetyki, aby osobiście móc nadzorować prowadzone przez biznesmena interesy. Sikorskiemu zależało na tej posadzie i na kwestiach energetycznych. Widział możliwości rozwoju tej strategicznej branży i chciał mieć w niej swoje wpływy. Wokół jego planów unijnej kariery zrobiło się już lekkie zamieszanie wśród polityków. Wiedziało o nich sporo osób.

Wiedział także Kazimierz Marcinkiewicz. Były premier po swoich londyńskich przygodach i zawirowaniach miłosnych wrócił do Polski i wykorzystywał zdobyte kontakty. Pracował dla jednego z największych banków inwestycyjnych. Jego obowiązki polegały na dogrywaniu spotkań i ułatwianiu negocjacji, docieraniu do odpowiednich osób, czyli krótko mówiąc, lobbowaniu w interesie określonych grup. Jedno z takich spotkań odbyło sie właśnie w Pałacu Sobańskich. Kazimierz Marcinkiewicz wspólnie z ważnym przedstawicielem Ernst & Young spotkali się z Sikorskim, aby przedyskutować różne warianty rozwoju przemysłu energetycznego. Przygotowane przez Ernst & Young analizy i strategie mogłyby wszak zostać wdrożone w życie przez późniejszego komisarza.

Ostatecznie jednak wybuch afery taśmowej znacząco pokrzyżował szyki Radosławowi Sikorskiemu i został mu „polski folklor zamiast unijnego blichtru", jak określił rodzimą politykę prezes PKN Orlen Jacek Krawiec w jednej z zarejestrowanym przez Łukasza rozmów.

„Wawrzyn"

Forpocztą Jana Kulczyka był Piotr Wawrzynowicz. Młody i wysportowany lobbysta powiązany z ekipą Donalda Tuska dbał o interesy biznesmena na krajowym podwórku. Wawrzynowicz był bardzo dobrym znajomym Sławomira Nowaka. Wywnioskować to można między innymi z faktu, że według oficjalnej wersji po zegarek wart przeszło dwadzieścia tysięcy złotych właśnie jego wysłała żona byłego ministra transportu. Dzięki takim znajomościom Wawrzynowiczowi znacznie łatwiej było omijać całą drabinkę nieistotnych spotkań, aby dotrzeć do osób decyzyjnych.

„Wawrzyn" bezpośrednio spotkał się z „Johnym", jak mówił na Kulczyka, w Pałacu Sobańskich tylko raz. Rozmowa odbyła się po spotkaniu biznesmena z ministrem sportu i turystyki Andrzejem Biernatem pod koniec maja 2014 roku. Była to rozmowa typowo handlowa. Kulczyk chciał, aby jego podwładny podzielił się zdobytą wiedzą. Chodziło o wszelkie zagrożenia związane z prywatyzacją spółki CIECH SA. Jednym z nich mogli być inni biznesmeni zainteresowani zakupem akcji. Kulczyk szybko jednak wyeliminował jednego z najbogatszych Czechów, Zdenka Bakalę, który nie zamierzał ingerować w polski rynek, oraz Michała Sołowowa, który oświadczył, że nie wystąpi przeciwko miliarderowi. Wawrzynowicz przyniósł równie pozytywne wieści, a najważniejszą była akceptacja ceny trzydziestu jeden złotych za akcję spółki CIECH oraz otwarta kwestia pozostawienia w kasie przejmowanej spółki dywidendy, która mogła dać Kulczykowi nawet kilkadziesiąt milionów złotych. Tym drugim tematem miano się zająć w kuluarach, na prywatnym spotkaniu w domu Wawrzynowicza. Poza tym nie było żadnych sprzeciwów i nawet „Włodek, który jest jebany w Platformie", jak określił Karpińskiego Wawrzynowicz, nie miał nic przeciwko.

Piotr Wawrzynowicz: Dwie niezależne forpoczty badały Włodka [Włodzimierz Karpiński, minister skarbu - przyp. aut.], czy on nie spęka przy podejmowaniu decyzji. Posłałem Stasia Gawłowskiego, to jest sekretarz w Ministerstwie Ochrony Środowiska, i Kaziu Plocke, sekretarz w Ministerstwie Rolnictwa, to jest jego kumpel. No i tam przy wódeczce gdzieś chodzili, go pytali, ale czy ten Włodek, który jest jebany w Platformie, nie spęka, żeby Jankowi sprzedać CIECH. I powiedział, że absolutnie nie spęka, że to jest w ogóle transakcja taka, jak powinna być. Nic takiego się nie dzieje. [...]

Jan Kulczyk: Sławek Nowak?

Piotr Wawrzynowicz: Tak, pytał go, czy on nie widzi zagrożeń i tak dalej. I on dwóm niezależnym źródłom powiedział, że on nie widzi żadnego zagrożenia. Powiedział, że on się z tobą widział, że macie wszystko dogadane, że tutaj nie ma problemu.

Widziałem się dzisiaj z Arturem Osuchowskim [członek zarządu CIECH SA – przyp. aut.], chyba… On jest wiceprezesem CIECH-u. Chyba nic złego się nie dzieje, bo on o niczym nie ma pojęcia. Znaczy…

Jan Kulczyk: Widziałeś? Ja się widziałem z Bakalą [Zdeněk Bakala, jeden z najbogatszych Czechów, który był zainteresowany kupnem spółki – przyp. aut.]. Nic nie będzie z tamtej strony. Zna jego interesy i w ogóle tego… Widziałem się z tym, tym…, Sołowowem. Powiedział: „Janek, ja przeciwko tobie nigdy w życiu nie wystąpię". Może się spotkać. No, Jakubas [Zbigniew, właściciel Grupy Kapitałowej Multico – przyp. aut.] nie ma tutaj nic do tego. […]

Jan Kulczyk: Czy oni coś, czy mają pomysł, ile by chcieli?

Piotr Wawrzynowicz: Znaczy, oni by chcieli trzydzieści jeden. To moim zdaniem zależy od tego, czy oni wypłacą dywidendę, czy nie, czy ktoś odpowie na to wezwanie, czy nie odpowie. Bo czym więcej nie odpowie, bo globalnie zapłacisz tyle samo przy wyższej cenie, jak przy niższej by więcej powiedziało. Oni mają takie myślenie u siebie […].

Jak Kulczyk: Trzeba ustalić, ile dywidendy. Ja ci powiem taką rzecz, ile jest podniesienie, jak to wygląda na przykład podniesienie o złotówkę. Ile to robi?

Piotr Wawrzynowicz: Jeśli było podniesienie o pięćdziesiąt groszy, to było niecałe siedemnaście milionów, czyli złotówka zmieni o trzydzieści cztery miliony. […]

Jak Kulczyk: Ja z Andrzejem [Klesykiem, prezesem zarządzającym PZU należącym do Skarbu Państwa, które dysponowało 8,03% akcji spółki CIECH SA – przyp. aut.] sobie usiądę na kolację.

Piotr Wawrzynowicz: No, ja myślę, że jakby tak porozmawiamy, to nie ma nikogo więcej, kto by…

Jan Kulczyk: Ja tam dobrze z Andrzejem, myślę, że żyję, wiesz…

Piotr Wawrzynowicz: No to mamy… […]

Rozmowa Wawrzynowicza z szefem zawiera także lakoniczną wzmiankę o kontaktach biznesmena z premierem polskiego rządu. Zastanawiające w tej kwestii są słowa lobbysty o dbaniu o pewną hermetyczność i załatwianiu. Brak konkretów pozwala jednak snuć jedynie domysły.

Jan Kulczyk: A ty myślisz, że on [prawdopodobnie chodzi o Sławomira Nowaka - przyp. aut.] tam o mojej relacji z kierownikiem [tak o premierze mówią ministrowie w rządzie - przyp. aut.] coś wie?

Piotr Wawrzynowicz: Myślę, że nie. Kompletnie. Znaczy on bardzo dba o to, żeby to było hermetyczne i umówmy [się], niech dalej żyje w przeświadczeniu, że ci załatwi to tutaj, znaczy, i tak myślę, że to dużo. Wiesz, ja mam kontakt z kierownikiem, on bardzo często w poniedziałek w samolocie z Gdańska, nie. To są najróżniejsze kontakty. Bo kiedyś rozbawił mnie bardzo, bo mówi mi, że... Ja mówię: „Bardzo miło mi, że pan ze mną rozmawia, bo z całą resztą młodych kolegów pan nie rozmawia", nie. A on mówi: „Wiesz co, jak się zastanowić nad tym wszystkim, to twoi koledzy to bandyci albo mafia". Bandyci albo mafia. Ja mówię: „To tym bardziej mi miło".

Przyklepane

Gdy deal został przyklepany, przyszedł czas na załatwienie wszelkich kwestii formalnych i biurokratycznych. Były poseł i minister sprawiedliwości z ramienia Platformy Obywatelskiej, piastujący wówczas urząd prezesa Najwyższej Izby Kontroli, Krzysztof Kwiatkowski spotkał się z miliarderem 9 czerwca 2014 roku. Był to najbliższy możliwy termin po sfinalizowaniu transakcji, której dokonano w piątek 6 czerwca. Podczas tej rozmowy Kulczyk wypytywał o mechanizmy prawne, których może użyć dla własnych interesów, oraz zasięgał informacji o kontaktach do ludzi, którzy mogli być mu w tym pomocni. Krzysztof Kwiatkowski, wbrew wydanemu po wybuchu afery oświadczeniu, był bardziej rozmowny, niż twierdził. Opowiadał między innymi o przepisie 585 Kodeksu spółek handlowych, który posłowie Platformy chcieli usunąć. Dotyczył on działania na szkodę spółki i chronił interesy najbogatszych. Głosami koalicji rządzącej Sejm usunął z Kodeksu artykuł dający prokuraturze możliwość ścigania z urzędu osób, które działały na szkodę spółek, w których były zatrudnione. To usunięcie zyskało miano „lex Krauze", bowiem dzięki niemu procesu uniknął znany biznesmen Ryszard Krauze. Sąd Rejonowy dla Warszawy-Śródmieścia umorzył przeciwko niemu postępowanie. A o zmianie przepisów, która nastąpiła w trakcie procesu, sędziego poinformowali obrońcy milionera. Przepis zniknął z Kodeksu karnego kilka dni przed jedną z rozpraw.

Jan Kulczyk: Miło, że cię widzę.

Krzysztof Kwiatkowski: A ja się bardzo cieszę, bo byłem ciekaw, jakie będą głosy po tej transakcji CIECH-u. To jest skopiowane. Nikt, nawet PiS, sobie nie pozwolił na…

Jan Kulczyk: Tu nie ma jak, no bo co? Zapłaciłem bardzo dobrą cenę. Nikt by tyle nie zapłacił, bo ta firma nie jest tyle warta dla nikogo oprócz mnie. […]

Krzysztof Kwiatkowski: Ale ja dlatego mówię… Ja się już przyzwyczaiłem do wszystkich szaleństw. Jak pamiętam teraz, to trzy lata temu mieliśmy ten durny przepis, gdzie cię prokurator mógł ciągać za działanie na szkodę własnej spółki, chociaż poszkodowanego nie było. Przecież mało mnie opozycja nie rozjechała.

Jan Kulczyk: Ale tam jest podobno jeszcze taki zapis, że… Tam gdzie wyście to wzięli wyeliminowali z kodeksu, ale skądś nie wzięliście. Gdzieś tam coś…

Krzysztof Kwiatkowski: Intencjonalnie chcieliśmy to wyeliminować, a spieprzyliśmy to przez niedopatrzenie. Bo intencja była taka, żeby ten durny przepis usunąć. Ale nie wiem, czy pamiętasz, jak ja się wtedy... Dla mnie to jest takie... „Rzeczpospolita", poważny tytuł, pierwsza strona, atak taki, stary, po prostu czasami to..., ale dlatego dobrą puentą zakończył [aluzja prawdopodobnie do ministra Karpińskiego - przyp. aut.]. Świat się zmienia, zobacz, transakcja zamknięta, albo oklaski, albo milczenie. A to jest jednak zmiana wartościowa.

Jan Kulczyk: Wartościowa. To nawet to milczenie jest milczeniem [...] Krzysiek, ja się cieszę, że zacząłem normalnie... Ta sprzedaż tego CIECH-u... Taki był, wszyscy to odebrali oczywiście...

Krzysztof Kwiatkowski: Patrzą jak na papierek lakmusowy. Jak się zachowują co poniektórzy.

Najważniejszą poruszoną podczas rozmowy kwestią było bez wątpienia zielone światło, które transakcji dał Donald Tusk. Kwiatkowski cytował słowa ministra skarbu państwa Włodzimierza Karpińskiego, który sam był ciekaw reakcji premiera obawiającego się kłopotów z tytułu sprzedaży.

Jan Kulczyk: Teraz to już krótko mówiąc: można!

Krzysztof Kwiatkowski: Normalnieje...

Jan Kulczyk: Teraz już... Bo myślę, Donald i wszyscy zobaczyli, że wiesz, że... wie, że z tego tytułu nie będzie miał jatki.

Krzysztof Kwiatkowski: Rozmawiałem z Włodkiem Karpińskim [minister skarbu państwa - przyp. aut.] i on mówi: „Sam byłem ciekaw reakcji, bo Donald tu dał mi zieloną rękę, ale mówi: no, zobaczymy jak to pójdzie", więc...

Jan Kulczyk: Znaczy, że dał zieloną rę..., zielone światło.

Krzysztof Kwiatkowski: Tak, on dał zielone światło, a jednocześnie mówił: „Bierzesz to na własną odpowiedzialność". Jak to Donald.

Premierowskie zielone światło uspokoiło Kulczyka i obaj panowie po delikatnym lunchu przy butelce Château Palmer z 1995 roku, oczywiście, w dobrych humorach opuścili Pałac Sobańskich. Pięć dni później w mediach pojawiła się informacja o podsłuchach, a jednym z pierwszych newsów była właśnie rozmowa prezesa Najwyższej Izby Kontroli z najbogatszym Polakiem.

Jak to mawiał „Klasyk"

Jednym z najczęściej odwiedzających pokoje vipowskie w Klubie Polskiej Rady Biznesu prezesów był Andrzej Klesyk, prezes Powszechnego Zakładu Ubezpieczeń. Bywał o różnych godzinach, przeważnie porannych i południowych, a wieczorami rzadziej. On również w pewnym momencie stał się istotnym celem rejestracji rozmów. Otrzymałem informację od Łukasza, iż Klesyk rozmawiał w restauracji Sowa & Przyjaciele o stworzeniu nowego funduszu ubezpieczeniowego.

W tym celu spotkał się tam z Zygmuntem Solorzem-Żakiem (przedsiębiorcą z rynku mediów, komunikacji i finansów, właścicielem między innymi Telewizji Polsat i operatora komórkowego Plus) w połowie 2013 roku. Nowy podmiot doskonale wpisywałby się w plan kompleksowego produktu biznesmena. Chciał on przedstawić klientom ofertę kompletną. Miała ona obejmować telewizję, telefon, internet, obsługę bankową oraz ubezpieczeniową. W rozmowie uczestniczył także członek zarządu PZU Ryszard Trepczyński, odpowiedzialny za inwestycje, oraz nie kto inny, jak Piotr

Wawrzynowicz. Lobbujący na rzecz Kulczyka były działacz Platformy wcześniej pracował właśnie dla Solorza.

Rozmowy kontynuowane były w połowie stycznia 2014 roku w nieco innym gronie. Klesykowi i Trepczyńskiemu tym razem towarzyszył między innymi Jan Kurzydłowski, ówczesny dyrektor Narodowego Centrum Badań i Rozwoju. Rozmowy były nieformalne i z ich przebiegu wywnioskować można było roboczy oraz mocno przygotowawczy charakter planowanych przedsięwzięć.

Kontynuacji wątku w Pałacu Sobańskich jednak nie było. Informacja ta dała jednak okazję do przyjrzenia się baczniej rozmowom zarządzającego PZU. Jedyna nagrana jego rozmowa odbyła się z Lechem Wałęsą i towarzyszącym mu członkiem fundacji jego imienia. Podczas tego kurtuazyjnego spotkania były prezydent opowiadał o swoich dokonaniach w walce z PRL-em i ówczesną władzą. Snuł opowieści o tym, w jaki sposób przeciwstawiał się naciskom i motywował ludzi Solidarności. Co ciekawe, były prezydent, za co jestem mu wdzięczny, nie złożył wniosku o status pokrzywdzonego w aferze taśmowej. Jedyne, o co poprosił, to o kopię nagrania, jeżeli się już znajdzie, gdyż… chciałby ją zdeponować w swoim muzeum na Jasnej Górze.

5. JESZCZE JEDNA BUTELKA WINA PRZED DRUGIM DANIEM

LEPIEJ MIEĆ NIŻ NIE MIEDŹ

Wśród wielu odwiedzających saloniki vipowskie zastanawiająca była postać prezesa KGHM Polska Miedź Herberta Wirtha. Z wielu przeprowadzonych przez niego rozmów udało mi się zarejestrować zaledwie jedną. Wszystkie pozostałe sprawiały wrażenie zakłóconych albo wygłuszonych. Zapisał się niemal niesłyszalny głos, nie dało się zrozumieć żadnego słowa, dochodził tylko mechaniczny dźwięk przypominający odgłos odkurzacza albo wentylatora. Pomimo zmiany miejsc ułożenia urządzeń rejestrujących oraz zmiany samych urządzeń sytuacja się powtarzała. Dopiero rozmowa z maja 2014 roku została zarejestrowana wyraźnie. Uczestniczyli w niej asystent prezesa i jeden z bliskich współpracowników. W trakcie rozmowy asystent opuścił pomieszczenie i rozmowa stała się mniej oficjalna. Przebieg dyskusji odsłaniał arkana rozgrywek wewnętrznych w tym „superprzedsiębiorstwie", jak się często określało KGHM.

Wątki rozgrywek wewnętrznych i animozji personalnych stanowiły większą część konwersacji. Rozmówca prezesa miedzianego kolosa podsuwał różne możliwe scenariusze, łącznie z tymi wątpliwymi moralnie, aby pozbyć się jednego z dyrektorów odpowiedzialnych za działalność firmy poza granicami kraju. Sam prezes zastanawiał się również nad bezpieczeństwem własnego stanowiska i ewentualnymi zagrożeniami ze strony konkurentów. Jak pokazały ostatnie miesiące, z potyczek tych wyszedł zwycięsko.

CIA I ZANIKI PAMIĘCI

Na początku 2014 roku w Klubie Polskiej Rady Biznesu doszło do spotkania dawnych liderów Sojuszu Lewicy Demokratycznej, Aleksandra Kwaśniewskiego i Leszka Millera. Spotkali się oni zaraz po lunchu byłego premiera z Janem Kulczykiem. Głównym tematem tamtej rozmowy był film *Jack Strong* opisujący historię pułkownika Kuklińskiego, który niedługo wcześniej miał swoją premierę w kinach. Był to już drugi wątek filmowy poruszony przez najbogatszego Polaka i Leszka Millera.

Kilka miesięcy wcześniej spotkali się oni również w Klubie Polskiej Rady Biznesu i wówczas Kulczyk opowiadał o filmie *Wałęsa. Człowiek z nadziei*, który stał się przyczynkiem do biznesowych wspomnień. Przewijał się w nich obraz wykorzystywania Wałęsy jako symbolu i załatwiania dzięki tej ikonie masy interesów. Były prezydent, który towarzyszył biznesmenowi w wielu podróżach, był pewnym wytrychem do korzystnych negocjacji handlowych. Spora ilość alkoholu rozrzewniła obu rozmówców i nakłoniła do wspominania przeszłości.

Bez alkoholu odbyła się natomiast późniejsza rozmowa Millera z Kwaśniewskim. Były prezydent rozmawiał o przyszłości politycznej swojej oraz byłego premiera. Doradzał mu start w zbliżających się wyborach do Europarlamentu. Przedstawiał zalety tej politycznej emerytury. Millera ciągnęło jednak do krajowej polityki i działania na lokalnym podwórku. To wiązało się natomiast z niewyjaśnionymi sprawami.

Na tapetę powrócił temat tajnych więzień CIA w Polsce. Obaj politycy, zawzięcie zaprzeczający publicznie podpisywaniu jakichkolwiek dokumentów, zawarli podczas spotkania dżentelmeńską umowę. Brzmiała ona bardzo prosto: „Jakby coś, to niczego nie pamiętamy". To był punkt wyjścia burzy mózgów w kwestii pozostawionych śladów i dokumentów potwierdzających wiedzę i osobiste zaangażowanie ich obu w tę sprawę. Prześwietlano osoby, które mogły robić notatki albo zachować jakieś demaskujące dowody. Wątek więzień CIA był także okazją do napomknięcia o słynnej aferze Rywina. Kontekst wypowiedzi zdawał się potwierdzać wiedzę polityków na temat ówczesnej próby protekcji.

W obu przypadkach finanse nie należały do najniższych. Według amerykańskiego raportu opublikowanego przez „Washington Post" Polacy za zorganizowanie tajnych więzień zażądali piętnastu milionów dolarów. Kwota ta została dostarczona w dwóch kartonowych pudłach ważących po siedemdziesiąt pięć kilogramów każde. Wiadomo, że dotarły pocztą dyplomatyczną do gabinetu pułkownika Andrzeja Derlatki. Czy później trafiły na konto Agencji Bezpieczeństwa Wewnętrznego, nie wiadomo. Wiadomo, że w ustawie regulującej działalność polskich służb w 2002 roku zapisano: „W Agencji Bezpieczeństwa Wewnętrznego i Agencji Wywiadu mogą być gromadzone na wyodrębnionym rachunku bankowym środki specjalne, które pochodzą z zadań i przedsięwzięć realizowanych we współpracy ze służbami specjalnymi innych państw". Taki zapis dawał furtkę do legalizacji pieniędzy otrzymanych od Amerykanów, szczególnie że już dwa lata później został z przepisów wykreślony.

O kwocie dwa i pół miliona dolarów wyższej mówiono w kontekście protekcji, którą zaproponował Lew Rywin redaktorowi naczelnemu „Gazety Wyborczej" Adamowi Michnikowi. Kwota ta miała pozwolić Agorze, właścicielowi gazety, na korzystne zmiany ustawowe umożliwiające wykup telewizji Polsat. Znaczna część tej sumy miała pójść właśnie na zasilenie konta Sojuszu Lewicy Demokratycznej.

DWA RAZY OBIECAĆ, TO JAK RAZ DOTRZYMAĆ

Tak brzmi jeden z ulubionych żartów ministra Radosława Sikorskiego. W Pałacu Sobańskich opowiadał go co najmniej kilkukrotnie. Najbardziej znana wersja pochodzi z rozmowy w saloniku brydżowym na pierwszym piętrze w części klubowej. Gościem szefa dyplomacji był Jacek Antony Vincent-Rostowski (który zawsze tak się przedstawia i którego odwołanie z funkcji ministra finansów również ustalono w restauracji, tyle że przy ulicy Gagarina). Spotkanie Sikorskiego z Rostowskim odbyło się na przełomie stycznia i lutego 2014 roku. Upublicznione nagrania ujawniły cynizm polityków wyśmiewających wspólną koleżankę Danutę Hübner, nazywających ją „starą komuszką". Rostowskiemu było ewidentnie nie w smak, że to właśnie jej przyznano pierwsze miejsce na warszawskiej liście kandydatów Platformy Obywatelskiej do Europarlamentu. Takie posunięcie nazwał wręcz skandalem.

Jacek Rostowski: To był skandaliczny pomysł z tą starą komuszką.

Radosław Sikorski: Czy ona jest nam w ogóle potrzebna?

Jacek Rostowski: W ogóle.

Radosław Sikorski: Nadęte babsko.

Sondował więc u ministra spraw zagranicznych możliwość zmian tej sytuacji. Jak pokazała przyszłość, miał pełną słuszność, mówiąc, że nie interesują go inne okręgi niż warszawski. Wylądował bowiem jako lider listy rodzinnego okręgu Radosława Sikorskiego, co znacznie utrudniło jego szanse na elekcję. Sam (były już wówczas) minister finansów też sobie nie ułatwił zadania, zaliczając w kampanii poważną wpadkę językową, gdy deklarował przeprowadzkę do województwa kujawsko-pomorskiego. Mówił wtedy: „Jeżeli zamieszkam w Toruniu, to będzie problem z Bydgoszczem (!), jeżeli zamieszkam w Bydgoszczu (!), to kogoś obrażę w Toruniu…". I ostatecznie do Europarlamentu się nie dostał.

Radosław Sikorski: Żebym zrozumiał dobrze – proponujesz taki deal, jeśli ci pomogę być na pierwszym miejscu na liście gdzieś.

Jacek Rostowski: W Warszawie…

Radosław Sikorski: W Warszawie.

Jacek Rostowski: Gdzieś to ja mam zagwarantowane.

Radosław Sikorski: W Warszawie… Tego ci nie mogę obiecać.

Jacek Rostowski: Nie obiecasz mi, że to załatwisz.

Radosław Sikorski: Ale mogę ci obiecać, że cię poprę. Wtedy ty mi nie będziesz wadził w komisji. Deal?

Jacek Rostowski: Deal.

Radosław Sikorski: No dobra, to jesteśmy po słowie.

Jacek Rostowski: Słucham?

Radosław Sikorski: Jesteśmy po słowie.

Jacek Rostowski: Nie, nie, chcę bardziej precyzyjnie, bo nie chcę, no wiesz. […] Mogę ci zagwarantować, ale pozwól mi się jeden dzień zastanowić, no wiesz, to są poważne sprawy. Podejmuję się czegoś, to przecież… To powiem ci tak, że gdyby to miał być ten portfel energetyczny…

Radosław Sikorski: A dla Polski byłoby dobrze.

Jacek Rostowski: To jest inna sprawa, ale gdyby to miał być, daj mi te parę dni, ja się zastanowię, żeby ci zagwarantować, że gdyby to był ten portfel, to tutaj bym ci nie podziałał przeciw, wręcz przeciwnie, bo cię lubię, ale przeciwko Lewandowskiemu, który się, wiesz... OK.

Radosław Sikorski: Po angielsku.

Jacek Rostowski: Dokładnie. Ale daj mi te parę dni. Do weekendu, do poweekendu. Pozwól mi sobie przemyśleć. [...] Pozwól mi się troszkę zastanowić, ale jak się zobowiązuję, to oczywiście na fest...

Radosław Sikorski: A ja z kolei oczywiście nie aspiruję do innych jakichś tam finansowych czy gospodarczych. Ale przebiera nogami też Jan Krzysztof [prawdopodobnie chodzi o Bieleckiego - przyp. aut.].

Jacek Rostowski: Nie.

Radosław Sikorski: Nie? Jesteś pewien?

Jacek Rostowski: On może na coś. Ale raczej nie. Ja się go pytałem i powiedziałem, ale to jest między nami, nie. [...] Zdaję sobie sprawę, że jest więcej konkurentów...

Istotną kwestią w zimowej rozmowie obu polityków był temat politycznych oponentów, czyli Prawa i Sprawiedliwości. Radosław Sikorski należący niegdyś do partii Jarosława Kaczyńskiego miał plan na jej wyeliminowanie.

Radosław Sikorski: Ty, ja uważam, że można zajebać PiS komisją specjalną w sprawie Macierewicza.

Jacek Rostowski: No, a co innego jest dzisiaj?

Radosław Sikorski: No taaak. Kaczyński się przyspawał do Macierewicza i teraz trzeba Macierewiczem ich obu na dno pociągnąć. To, co jest w materiałach prokuratorskich, jest miażdżące. Można zrobić dwuletni cyrk. I niech oni się tłumaczą. Tam są straszne rzeczy. Wiem, bo byłem przy tym.

Jacek Rostowski: Dobrze, tylko trzeba namówić. Musisz Donalda namówić.

Radosław Sikorski: Już jest Palikot, SLD i PSL.

Jacek Rostowski: Tylko Donald... Donald się waha, ale lekko za. Powiedział: „Niewykluczone". Niech najpierw będzie skarga do sądu na prokuraturę. [...] No tak, bo to jest skandal, kurwa. Skandaliczne.

Jacek Rostowski: To w takim przypadku [Macierewicz - przyp. aut.] powinien iść za to do więzienia.

Radosław Sikorski: I tak mógł produkować dokumenty ściśle tajne.

Jacek Rostowski: Wtedy to powinien za to pójść do więzienia, że ujawniał dokumenty.

Radosław Sikorski: Ta. Agenturę.

Jacek Rostowski: Za to. Jeżeli był osobą prywatną.

Radosław Sikorski: To jest ewidentny deal Seremeta z PiS-em. To, co robią. [...] Wiesz, na czym polegała operacja ZEN, którą Macierewicz ujawnił? To była operacja, nadzorowałem ją osobiście, zlokalizowania Al-Zawahiriego. Stary komuch. Oczywiście.

Jacek Rostowski: Oczywiście, ten Malinowski.

Radosław Sikorski: Nie... Nie Malinowski, ale podobne... Ten, który tam dla talibów lokował walutę, jakieś szmaragdy, coś, i miał dość. I to była o tyle fajna operacja, że była samoweryfikująca się. My daliśmy tylko kasę na drobne wydatki, dwadzieścia tysięcy dolarów. I to, co oni chcieli od nas, Afgańczycy, że my zaświadczymy, przypilnujemy, że jak oni wystawią Al-Zawahiriego, to Amerykanie na pewno im wypłacą nagrodę. Wszystko było samoweryfikujące się. Bo chodziło tylko o to, żeby podać współrzędne, potem Amerykanie przypierdolili i potem albo jest ZEN, albo nie ma. I tam jedna próba nie wyszła, druga próba nie wyszła i miała być trzecia próba i jakby ta nie wyszła, to OK, kończymy operację. A ten skurwysyn ujawnił operację.

Wątek Afganistanu stał się punktem wyjścia dalszej rozmowy, której płynną kontynuacją był temat sojuszu Polski ze Stanami Zjednoczonymi.

Radosław Sikorski: Wiesz, że polsko-amerykański sojusz to jest nic niewarty. Jest wręcz szkodliwy, bo stwarza Polsce fałszywe poczucie bezpieczeństwa.

Jacek Rostowski: Dlaczego?

Radosław Sikorski: *Bullshit* kompletny. Skonfliktujemy się z Niemcami, z Rosją i będziemy uważali, że wszystko jest super, bo zrobiliśmy laskę Amerykanom. Frajerzy. Kompletni frajerzy. [...] Problem w Polsce jest taki, że mamy bardzo płytką dumę i niską samoocenę. Taka murzyńskość.

Późniejsza próba tłumaczenia tej wypowiedzi jako „robienie łaski" przyczyniła się do jeszcze większych kpin. Rozpoczęła je Monika Olejnik w *Kropce nad i* po pokrętnych tłumaczeniach Michała Kamińskiego. Wyraźnie rozbawiona, zapytała wprost: „Długo panowie nad tym myśleli, że zamiast laski łaska?". Jeszcze bardziej kreatywnie Sikorski tłumaczył kwestię murzyńskości. Po medialnym linczu minister na swoim twitterowym koncie umieścił linka do strony Wikipedii traktującej o... murzyńskości jako ruchu literackim i politycznym.

W rozmowie oksfordczyków oberwało się również Brytyjczykom, a głównie premierowi Wielkiej Brytanii Davidowi Cameronowi. Podczas zarejestrowanej w Pałacu Sobańskich rozmowy Sikorski powiedział wprost: „Cameron spierdolił negocjacje w sprawie pakietu fiskalnego". Skomentował również styl jego rządzenia słowami: „Bo się nie zna [Cameron – przyp. aut.], bo wierzy w tą całą głupią propagandę. Próbuje głupio manipulować systemem [...]". W dalszej części Sikorski zarzucił także brytyjskiemu premierowi niekompetencję i nieumiejętność rozwiązania kwestii eurosceptycyzmu we własnym kraju.

Jacek Rostowski: On [Cameron – przyp. aut.] myśli, że pójdzie, wynegocjuje i wróci. Żaden polski rząd nie może się na to zgodzić. Tylko w zamian za górę złota.

Radosław Sikorski: Albo bardzo zły, nieprzemyślany ruch, albo to taka, nie po raz pierwszy, jego niekompetencja w sprawach europejskich. Pamiętasz? Spierdolił pakt fiskalny. Spierdolił. Po prostu. Bo się nie interesuje, bo się nie zna, bo wierzy w tę całą głupią propagandę, próbuje głupio manipulować systemem.

Jacek Rostowski: Jego problem jest taki, jemu nie o to chodzi. Tylko o krótkotrwały efekt propagandowy.

Radosław Sikorski: Wiesz co, cała jego strategia dawania im ochłapów, żeby ich usatysfakcjonować, *de facto*, tak jak przewidywałem, obróciła się przeciwko niemu, trzeba było powiedzieć: spierdalajcie, przekonać ludzi, tamtych odizolować. A tak dał im pole, na którym oni go upokarzają.

Jacek Rostowski: Żeby polski rząd się zgodził, to ktoś musiałby nam dać jakąś górę złota. Brytyjczycy nam złota nie dadzą, a Niemcy, żeby trzymać Brytyjczyków, też nam gór złota prawdopodobnie nie dadzą. Wobec tego więc będzie: spierdalajcie.

Radosław Sikorski: Nie, to nie. [...]

Jacek Rostowski: Ja myślę, że paradoksalnie, wiesz, jaki będzie paradoksalny skutek dla nas tego?

Radosław Sikorski: No?

Jacek Rostowski: Nie dla nas specjalnie dobry, [...] ogólnie niedobre dla nas, bo my chcemy, żeby Wielka Brytania została. Ja myślę, że będzie tak: on przegra te wybory, Wielka Brytania wyjdzie. Oni raz jak wyjdą, utrzymają otwarte granice. Nie dla żebraków, ale otwarte w sensie...

Radosław Sikorski: Tak jak Norwegia.

Jacek Rostowski: Tak, w sensie takim, że nie będą wpuszczali cygańskich żebraków.

Radosław Sikorski: Dosyć tego! Tak jak oni spieprzyli Europę Wschodnią i parę innych rzeczy... [W tym momencie przybiera inny ton głosu i próbuje parodiować premiera Camerona:] „Jak Europa się nie zreformuje, to źle skończy!". [Dalej normalnie:] Niech oni się martwią swoją gospodarką. Jak się nie zreorganizują, to [Wielka Brytania] będzie miała tak złą gospodarkę jak Niemcy.

Wypowiedzi te odbiły się w Europie szerokim echem, a sam szef brytyjskiego rządu odniósł się do nich lakonicznie i w bardzo dyplomatyczny sposób, oświadczając jedynie, że „nie zgadza się ze zdaniem Radka".

* * *

W odbywających się w Pałacu Sobańskich spotkaniach polityków i biznesmenów łatwo dostrzec pewną manierę. To przechodzenie z roli gościa w rolę gospodarza. Tak jak minister Sikorski po pierwszych zaproszeniach szybko poczuł dyskretny i kameralny urok saloników vipowskich, tak i innym się to udzieliło. Idealnym przykładem był minister finansów Jacek Antony Vincent-Rostowski. Zaledwie dwa dni po spotkaniu z Sikorskim, kiedy to był w Pałacu Sobańskich po raz pierwszy, pojawił się tam po raz kolejny. Pomimo że jego rozmówcą był członek klubu bywający w nim kilkadziesiąt razy w roku, prezes banku City Handlowy Sławomir Sikora, to Rostowski sprawiał wrażenie bywalca. Z pewnością miał na to wpływ fakt, że na tym spotkaniu on wychodził na pozycję patrzącego z góry. W rozmowie z Sikorskim to jemu zależało na dobrym miejscu na liście wyborczej do Parlamentu Europejskiego. W rozmowie z Sikorą zaś mógł się wcielić w rolę mentora i doradcy bankiera, który dostał wstępną propozycję otrzymania teki ministra finansów w nowym rządzie. Nad propozycją tą mocno się zastanawiał, a Rostowski w rozważaniach tych miał mu doradzić.

WALKA LOTOSU Z ORLENEM

O wzajemnej niechęci prezesów Pawła Olechnowicza, zarządzającego Lotosem, i Jacka Krawca, dowodzącego Orlenem, szeptano w kuluarach od dawna. Pierwszy z nich, wiecznie w cieniu stacji z orłem w logo, sprawiał wrażenie odsuniętego na bok. Na taką sytuację wpływała zarówno pensja, wielokrotnie niższa od honorarium Krawca, jak i rzadziej okazywana sympatia ze strony premiera. Rozwiązaniem tej niekorzystnej dla prezesa sytuacji stać się miało połączenie Lotosu z grupą Azoty. Przeprowadzone jesienią 2013 roku odświeżenie stanowisk ministerialnych w rządzie Donalda Tuska dawało impuls do jeszcze mocniejszego zaangażowania Platformy w kwestie gospodarcze.

Partia rządząca potrzebowała sukcesów do pokazania. Połączenie Lotosu i grupy Azoty, przy pełnym wsparciu Polskich Inwestycji Rozwojowych, flagowej spółki powołanej do życia przez Platformę, mogło stać się takim błyskotliwym sukcesem. Świetlana wizja roztoczona przez prezesa Olechnowicza w gabinecie brydżowym Klubu Polskiej Rady Biznesu przed rozmówcami zawierała także istotne cechy ambicjonalne, czyli walkę z Orlenem. Inwestycja szacowana na dwanaście miliardów złotych była rekordowym projektem, dzięki któremu możliwe będzie obniżenie polskiego deficytu w handlu chemikaliami oraz powstanie ponad siedmiu tysięcy miejsc pracy. Wizja, której wdrożenie planowano już w 2014 roku, została w połowie lutego roku 2015 wstrzymana i odłożona w czasie z powodu niekorzystnych warunków rynkowych. Czy korzystniejsze warunki były w 2011 roku, kiedy Jacek Krawiec usłyszał od Donalda Tuska podczas imprezy po wygranych wyborach: „Teraz to paliwo może być i po siedem złotych"?

W kontekście walki gigantów paliwowych warto przytoczyć opinię Andrzeja Parafianowicza, którą przedstawił w restauracji Sowa & Przyjaciele Sławomirowi Nowakowi i Dariuszowi Zawadce.

Andrzej Parafianowicz: No, trzeba wytępić lewe faktury produkowane masowo przez Orlen. Jest kurwa... A przecież przestępstwa paliwowe nie zostały wymyślone przez Orlen, tylko twórczo rozwinięte. I ta lewa waha [benzyna – przyp. aut.], która tam znika w krzakach, jest produkowana przez Orlen.

Dariusz Zawadka: No tak. Ja... ja to, co my w tej chwili robimy na...

Andrzej Parafianowicz: No wiesz, wyłudzenia VAT-u...

Sławomir Nowak: No, no...

Andrzej Parafianowicz: To cysterna pojechała, nie dojechała i tak dalej. To jest paliwo Orlenu.

Dariusz Zawadka: Znaczy tu, wiesz, Orlenu, bo jeśli chodzi o benzyny, naprawdę to są w Polsce w dziewięćdziesięciu procentach, dziewięćdziesięciu dziewięć i dziewięć pewnie procent, benzyna, która jest tylko i wyłącznie produkowana przez Orlen, albo Lotos także, BP jeszcze...

Sławomir Nowak: No tak... Absolutnie.

Dariusz Zawadka: To jest tak, że...

Sławomir Nowak: Wszyscy sprzedają to samo paliwo.

Dariusz Zawadka: To samo, tak.

Andrzej Parafianowicz: Orlen, Orlen... Orlen sprzedaje i bierze wyjazd za granicę, czyli bez VAT-u, tylko że waha nie wyjeżdża.

Dariusz Zawadka: No to jest... Znaczy, to jest wtedy, wiesz, i na cle, i na...

Sławomir Nowak: I to znaczy, że ktoś świadomie tak, robi takie rzeczy, no, czyli...

Dariusz Zawadka: Orlen, nie Orlen... Jak spółka w sumie, tylko pewnie... [...] Czyli to wszystko, cała mafia, szara strefa się zaczęła przez jakby politykę cenową, tak naprawdę, która zmusiła do tego inne..., znaczy, stworzyła możliwości do przewałek. Plus przepisy i regulacje. Jedna z nich, chociażby, to jak miałeś to u siebie... To ta sama opcja jest w tej chwili na oleju tak zwanym formowym, czy jak się to nazywa. Olej, który służy do tego, żeby... Smaruje się te formy, w których się wytapia, nie wiem, jakieś rury, pręty i inne rzeczy.

Sławomir Nowak: Mhm...

Dariusz Zawadka: W dziewięćdziesięciu ośmiu procentach ma te same właściwości, co olej napędowy. Ten olej wyjeżdża sobie na przykład z fabry..., jest produkowany w Polsce na Pomorzu, północno-zachodnie suwalskie. No i wyjeżdża sobie...

Sławomir Nowak: To nie jest Pomorze, no co ty...

Dariusz Zawadka: Znaczy nie... Nie Pomorze. No, ale północno-wschodnie tereny. Wyjeżdża sobie z Polski, głównie na Litwę, i wraca już jako olej napędowy... Który jest dużo droższy, ma inne cła, no, po prostu są, a podejrzewam, że w ogóle nie wyjeżdża w większości.

Sławomir Nowak: To, żeby wjechał do Polski, to musiałby mieć, no, musiałby być zarejestrowany jako import paliwa, bo inaczej byśmy... Tylko sześćset litrów paliwa można wwieźć. Nic więcej. Czy on musi się ten, ten musi być jakoś rejestrowany, ten import tego paliwa.

Dariusz Zawadka: No jest. Zgodnie z prawem jest... Ale wiesz, to już są pewne składy celne, tak zwane, które to odprowadzają, nie, bo to… to… To jest następna przewałka, jest… zarejestrowany odbiorca, który odprowadza cło i wszystkie inne rzeczy do…, w imieniu przewoźnika. I wjeżdża piętnaście tirów, a wyjeżdża tak naprawdę, cło jest odprowadzane od jednego…

BŁYSK FLESZY I TAJEMNE PRZEJŚCIA

Saloniki vipowskie w Klubie Polskiej Rady Biznesu cieszyły się sporym zainteresowaniem z racji swej kameralności. Były enklawą spokoju w zabieganej i pędzącej stolicy. (Do czasu, oczywiście). Odsunięty od ulicy budynek, mur oraz ochrona pozwalały na utrzymanie dyskrecji, podobnie jak parking, który umożliwiał wejście do restauracji z różnych stron.

Kiedy pojawiłem się na terenie Pałacu Sobańskich po raz pierwszy, parkując swój samochód, mocno uważałem, aby nie zarysować bentleya continentala z jednej strony i BMW 7 z drugiej. Z czasem przerzuciłem się na rower. Po pierwsze, pozwalał myśleć, że dojazd do pracy jest formą aktywności fizycznej wspomagającej walkę ze zbędnymi kilogramami wynikającymi z zamiłowania do jedzenia i wina. Po drugie zaś, był bardziej pasującym do mnie środkiem transportu. Wyjątkowe wina i potrawy były obiektem mojego pożądania, ale luksusowe samochody już nie. Z racji tegoż roweru i częstego wykorzystywania fartucha sommelierskiego zamiast marynarki zyskałem pseudonim „Ojciec Mateusz", a tapety firmowych komputerów zamieniły się w kadry z serialu. Wspominam to bardzo przyjemnie. W poprzednich miejscach pracy mój rower zazwyczaj przystrajany był różnymi dziwnymi ozdobami, których zdjęcie zajmowało mi długie minuty. W Pałacu Sobańskich nie musiałem się o to martwić, podobnie zresztą jak o przypinanie dwukołowca. Współwłaściciel Legii Warszawa, prezes Leśnodorski, nie zamykał swojego ferrari, więc ja nie musiałem zapinać swojego roweru.

Opierałem go w różnych punktach, aby nie wyróżniał się zanadto i nie psuł tym samym staranie wypracowanego pejzażu. Często zostawiałem rower pod budynkiem dawnej ambasady brytyjskiej, znajdującym się na terenie otaczającym Pałac. Po przeniesieniu ambasady w okolice stadionu Legii Warszawa w budynku ulokowano Klub Polskiej Rady Biznesu. Za dawną siedzibą brytyjskiej dyplomacji powstał zaś szklany gmach, którego pierwotnym przeznaczeniem miał być luksusowy butikowy hotel. Z planów nic jednak nie wyszło.

Wszystkie te zabudowania były ze sobą połączone przejściami podziemnymi. Znajdująca się pod powierzchnią ziemi kuchnia stanowiła łącznik pomiędzy różnymi częściami i budynkami. Dzięki temu wchodząc od strony Alej Ujazdowskich, można było wyjść bocznymi drzwiami od strony alei Róż, nie budząc niczyich podejrzeń.

Sam również miałem okazję wyprowadzać tamtędy dyskretnie jednego gościa. Był to profesor Jerzy Buzek. Spotykał się akurat z doktorem Janem Kulczykiem w gabinecie JW. Termin i godzina spotkania zbiegły się w czasie z imprezą dla jednego z magazynów plotkarskich. Tłumy fotoreporterów otoczyły miliardera, który chciał niepostrzeżenie przemknąć. Było to dla Kulczyka kłopotliwe, bo wolał robić biznes bez błysku fleszy, a ponadto unikał publicznych imprez. W jednej z rozmów stwierdził, że ma taki status społeczny, że teraz to on uświetnia imprezy, a uczestnictwem w zbyt wielu wydarzeniach może sobie tylko reputację pogorszyć. W ten sposób najłatwiej wytłumaczyć zażenowanie na jego twarzy, gdy od jednego z dziennikarzy usłyszał pytanie, co robi na imprezie tego czasopisma. Było to zażenowanie połączone ze zdziwieniem, bo o istnieniu takiego tytułu miliarder zapewne nawet nie słyszał. Na szczęście dzięki sprawnej interwencji menedżerów restauracji zdjęcia Kulczyka na prośbę głównej organizatorki nie zostały użyte, a zgromadzonym wytłumaczono, że miliarder przyszedł po prostu do restauracji.

Wzmogło to jednak ciekawość dziennikarzy, którzy usilnie starali się dowiedzieć, kim będzie jego rozmówca. A był nim dawny premier, profesor Jerzy Buzek. Po wspólnej kolacji, zakrapianej wyjątkowo winem Château Lafite-Rothschild nie z 1995 roku, a z 1989, panowie się rozstali. Kulczyk udał się na krótkie spotkanie z kilkoma biznesmenami z Afryki, zaś profesor opuścił lokal niepostrzeżenie. Aby jednak nie natknął się na dziennikarzy, wyprowadziłem go przez zaplecze schodami pracowniczymi koło zmywalni. Ujęła mnie wtedy jego serdeczność i przywitanie się ze wszystkimi, podanie ręki.

Sytuację tę przypomniałem sobie kilka miesięcy później, już pod Prokuraturą Okręgową przy ulicy Bródnowskiej w Warszawie. Był 26 czerwca, a afera właśnie przeżywała falę zainteresowania. Wzdłuż ulicy stały dziesiątki wozów transmisyjnych i niezliczona ilość kamer, statywów, aparatów. Wszyscy chcieli coś wiedzieć. Ja również tam byłem.

Moja obecność wynikała z chęci złożenia prośby do prokuratury o anulowanie poręczenia finansowego, jako że na całej działalności związanej z nagrywaniem osób straciłem pieniądze, a nie zarobiłem... Kwota trzydziestu tysięcy złotych poręczenia majątkowego wydawała mi się niewspółmiernie wysoka. Na moją prośbę jeden z ochraniających mnie funkcjonariuszy przekazał na dziennik podawczy odręcznie napisane pismo, nie wzbudzając podejrzeń oblegających wejście dziennikarzy. Co więcej, ciemnozielony land rover, którym się poruszaliśmy, stał dokładnie pomiędzy samochodami reporterów TVN i Polsatu. Przez przyciemnione szyby i delikatnie uchylone okna widziałem ich i słyszałem ich rozmowy. Rzeczywiście najciemniej bywa pod latarnią, pomyślałem wówczas i przetarłem zmęczone z niewyspania i stresu oczy.

6. DRUGIE DANIE GŁÓWNE

TYMCZASEM U SOWY

Łukasz niezbyt często dzielił się informacjami o swoich nagraniach. Wspominał o nich zdawkowo. Czasem mówił o zostawionych napiwkach lub sytuacjach, które go zaskoczyły. Bywały jednak też chwile, w których dość szczegółowo opisywał przebieg odsłuchanej rozmowy. W trakcie jednego ze spotkań podczas wakacji w 2013 roku Łukasz oświadczył mi: „Zobaczysz, wkrótce zmieni się minister finansów. Rozmawiali o tym u mnie". Następnie zaś szczegółowo omówił poruszone przez polityków kwestie. Informacje te zachowałem dla siebie, czekając na ich potwierdzenie lub zaprzeczenie. Jak się później okazało, efektem rozmowy była jesienna rekonstrukcja rządu Tuska i mianowanie szefem resortu finansów Mateusza Szczurka.

Rozmowa ministra spraw wewnętrznych Bartłomieja Sienkiewicza z prezesem Narodowego Banku Polskiego Markiem Belką oraz szefem jego gabinetu Sławomirem Cytryckim z lipca 2013 roku stała się symbolem afery podsłuchowej i kopalnią cytatów oraz anegdot z nią związanych. Była też pierwszym nagraniem, które ujrzało światło dzienne. Tygodnik „Wprost" poświęcił jej okładkę, tytułując ją *Zamach stanu*. Numer wydany w połowie czerwca 2014 roku pobił wszelkie rekordy popularności. Dotychczasowa średnia sprzedaż na poziomie 51 tysięcy egzemplarzy skoczyła do przeszło 216 tysięcy. Na stołecznych forach internetowych natknąć się można było na dyskusje o tym, gdzie jeszcze można nabyć „Wprost". Kilka miesięcy później Instytut Monitorowania Mediów podał, że w 2014 roku tygodnik „Wprost" był najczęściej cytowanym przez inne media tygodnikiem. Na publikacje czasopisma inne media powoływały się 7 412 razy, z czego zdecydowana większość dotyczyła afery taśmowej.

Chuj, dupa i kamieni kupa, czyli Sienkiewicz naszych czasów

Spotkanie Bartłomieja Sienkiewicza z Markiem Belką oraz Sławomirem Cytryckim zostało poprzedzone dokładnym sprawdzeniem saloniku vipowskiego przez funkcjonariuszy Biura Ochrony Rządu. Niemal półtoragodzinne czynności nie wykazały żadnego zagrożenia. Ale nie zabezpieczyły polityków przed pendrive'em Łukasza wniesionym do pomieszczenia tuż po jego opuszczeniu przez BOR-owców. Zgodnie z przyjętą zasadą owinięty w ściereczkę kelnerską pendrive rejestrujący mój kolega pozostawił na komodzie służącej jako stół pomocniczy przy obsłudze gości. Znajdowały się na nim dodatkowe kieliszki, a także talerze, przyprawniki, oliwa i ocet balsamiczny. Elegancko zwinięta płócienna serwetka kelnerska nie budziła więc niczyich podejrzeń.

Minister spraw wewnętrznych miał w zwyczaju spotykać się w saloniku, do którego prowadziło osobne wejście. Mógł do niego podjechać niezauważony przez nikogo od tyłu, od ulicy Podchorążych, i w taki sam sposób mógł też lokal opuścić. Ponadto układ pomieszczeń właśnie w tym saloniku vipowskim ministrowi bardzo odpowiadał. Dzielił się on na część jadalną ze stołem i krzesłami oraz kącik relaksacyjny z wygodnymi fotelami, telewizorem, a także szafą wypełnioną koniakami. Sienkiewicz bardzo lubił nieformalny i komfortowy klimat tego pomieszczenia. Sprzyjało to prowadzonym przez niego rozmowom. Jednocześnie, aby móc pozwolić sobie na poczucie swobody podczas posiłku, był bardzo ostrożny bezpośrednio przed nim. Był nieufny, a zarazem przezorny, więc przed ważnymi spotkaniami wszystkie pomieszczenia były dokładnie analizowane pod kątem ewentualnych zagrożeń. Minister pojawiał się dopiero, kiedy otrzymywał od funkcjonariuszy zielone światło. Zazwyczaj BOR-owcy byli informowani wcześniej o konkretnej godzinie spotkania szefa, tak by bezkolizyjnie móc przeprowadzić czynności.

Dokładnie taki scenariusz rozegrał się w jednym z upalnych dni lipca 2013 roku. Okres ten był półmetkiem drugiej kadencji rządów Platformy Obywatelskiej. Zgodnie z koncepcją politycznej cykliczności po dwóch latach zazwyczaj następują zmiany tendencji wyborców, co właśnie odbywało się w Polsce. Według tej teorii obywatele niewidzący wyraźnych przemian modyfikują swoje preferencje polityczne i oddają głos na inne ugrupowania. Aby temu zapobiec, Platformie potrzebne były zmiany przed wyborami samorządowymi w 2014 roku oraz prezydenckimi i parlamentarnymi w roku 2015. Należało działać.

Zgodnie z zasadą drugiego garnituru, czyli niewysyłania najważniejszych osób na negocjacje, rozmowy w imieniu premiera prowadził jego zaufany człowiek, Bartłomiej Sienkiewicz. O wsparciu ze strony Tuska wiadomo z zapisu zarejestrowanej rozmowy, podczas której w pewnym momencie dzwoni telefon. Minister ustala spotkanie z „kierownikiem" na konkretną godzinę następnego dnia. Kluczowy moment kolacji obu polityków stanowi trudne pytanie zadane przez Sienkiewicza Markowi Belce. Minister przedstawia hipotetyczną sytuację, w jakiej może znaleźć się rząd polski na osiem miesięcy przed wyborami parlamentarnymi. Sondaże dawały wówczas partii Jarosława Kaczyńskiego poparcie na poziomie czterdziestu trzech procent, a w budżecie państwa brakowało pieniędzy. Aby zapobiec katastrofie, jaką według szefa resortu spraw wewnętrznych byłoby dojście do władzy Prawa i Sprawiedliwości, Sienkiewicz sondował, czy możliwe byłoby sfinansowanie deficytu przez Narodowy Bank Polski. Wszystko z wykorzystaniem możliwości prawnych nazywanych w rozmowie „wytrychami". Przebieg rozmowy był następujący:

Bartłomiej Sienkiewicz: No, mamy dupę pogłębiającą się na poziomie budżetu państwa. OK, od karuzeli z kryzysu [tak w oryginale – przyp. aut.] dzieje się to na tyle wolno, wszystko, wszystko działa, tylko problem polega na tym, że wpływy są opóźnione, wiemy, że jest buch, mniej pieniędzy niż tam, nie wiem, w 2015, pod koniec, ale na razie nie bucha, są sygnały, że idzie ku lepszemu, brakuje pieniędzy w budżecie, cięcia są niewystarczające. I mamy osiem miesięcy do wyborów, jak zmniejszymy ten okres, to ten warunek jest bez znaczenia wtedy, i PiS ma czterdzieści trzy procent w sondażu CBOS. Czyli idziemy w taki wariant, nie czarujmy się, że idziemy w taki wariant, że tylko i wyłącznie ekonomika decyduje o ocenie stabilności kraju...

Marek Belka: ...czyli wszystko jest, niby jest jeszcze do utrzymania, tylko że...

Bartłomiej Sienkiewicz: Tylko wiemy, że to się skończy katastrofą, ponieważ zwycięstwo PiS-u oznacza ucieczkę inwestorów, pogorszenie się warunków finansowych...

Marek Belka: No i...

Bartłomiej Sienkiewicz: ...i parę innych kłopocików, ale to już takich wewnątrzpolskich. I to jest dokładnie taka sytuacja, w której trzeba podjąć decyzję, co my robimy z tym. Czy jest to moment na uruchomienie tego rodzaju rozwiązania, czy nie? Bo ja mam takie poczucie, że to jest wariant OK, ale on nie jest kompletnie hipotetyczny... W związku z tym albo idziemy wariantem czysto finansowym i wtedy nie ma żadnego powodu, żeby uruchamiać tego typu, rodzaju mechanizmy, albo jednak rozumiemy, że między polityką a stabilnością finansową państwa jest pewien związek, który w ostatnich latach szczególnie mocno ujawnił się w Europie.

Marek Belka: Dobrze. Podoba mi się ten sposób stawiania sprawy. Bo on dotyczy Polski, a nie tylko tak zwanej gospodarki czy jakiegoś tam...

Bartłomiej Sienkiewicz: Dokładnie.

Marek Belka: No więc tak...

Bartłomiej Sienkiewicz: Jeszcze sekundę. Ja się boję w tej sytuacji jednej rzeczy, że na to wszystko kolega Rostowski mówi: „W życiu!". W życiu, bo to nam zdewastuje opinię, bo to jest niewykonalne, bo tego nie wolno robić. Ja już w to nie chcę wchodzić, dlaczego tak powie, bo to oddzielna sprawa, ale... No tak, no.

Marek Belka: Dobrze. Po pierwsze, ja bym chciał mieć partnera, który się nazywa prezes Rady Ministrów, a nie minister finansów. Ja bym wtedy... Bo to oczywiście oznacza... bardzo istotną zmianę w statusie nie moim osobistym, bo ja to tam w ogóle, wiesz... tylko tej instytucji, co patronuję. I ja wtedy mówię premierowi: „Bardzo dużo jest możliwe". Mamy oczywiście tą pieprzoną Radę Polityki Pieniężnej...

Bartłomiej Sienkiewicz: No właśnie.

Marek Belka: Ale... Ale jesteśmy w stanie z nią zagrać. Ale wtedy moim warunkiem, *excuse-moi*, jest dymisja ministra finansów.

Przychodzi nowy minister finansów, na razie nie muszę wam mówić, kto by mógł być, ale takie nazwiska i tacy ludzie są w kraju. I wtedy zrobimy to, co trzeba, żeby uniemożliwić... Mówiąc krótko, aby kraj to zrozumiał...

Bartłomiej Sienkiewicz: To nie może się zdarzyć później niż osiem miesięcy przed wyborami...

Marek Belka: Mówiąc po prostu, jeśli w drugim półroczu gospodarka się zdecydowanie nie przyspieszy, to będzie problem. To będzie być może konieczne tego rodzaju niestandardowe działanie. A wtedy trzeba serdecznie ze wszystkimi, jakby to powiedzieć, możliwymi tymi różnymi lanserami, podziękować hrabiemu von Rothfeld-Rostowskiemu i powołać technicznego, niepolitycznego ministra finansów, który znajdzie w banku centralnym pełne wsparcie.

Sławomir Cytrycki: Dlatego powinieneś wcześniej zrobić zmianę w ustawie o NBP.

Marek Belka: Tak, bardzo ważna sprawa.

Sławomir Cytrycki: Rostowski tego nie zrobi...

Marek Belka: Mogę to zrobić tylko z Tuskiem. [...]

Bartłomiej Sienkiewicz: Macie projekt tej ustawy?

Marek Belka: No raczej. Wszystko jest w ministerstwie. Tam są wytrychy...

Sławomir Cytrycki: Tam nie ma wszystkiego...

Marek Belka: Dobrze, ale, kurna, jak ja bym miał sygnał od premiera, że mogę tam wstawić to, co będzie trzeba, to wstawimy, różne rzeczy [...].

Efektem lipcowej rozmowy polityków przy wódeczce w pokoju vipowskim restauracji Sowa & Przyjaciele była dymisja ministra finansów Jacka Rostowskiego w listopadzie 2013 roku oraz powołanie głównego ekonomisty ING Mateusza Szczurka na szefa resortu. Spełniał on wszystkie przedstawione przez Belkę założenia: techniczny, niepolityczny fachowiec. Również dalsza część planu została zrealizowana, bowiem w maju 2014 roku do Rady Ministrów wpłynął projekt nowelizacji ustawy o NBP autorstwa nowego ministra. Najistotniejszym jednak elementem układanki było finansowanie przez bank centralny deficytu budżetowego, które nie mogło nastąpić bezpośrednio. Warsaw Enterprise Institute zasugerował wówczas, że mogło do takiego procederu dojść podczas akcji związanej z wymianą stuzłotówek. Decyzja o wymianie i wielkości emisji każdorazowo zależna jest od prezesa NBP. Tak było i w tym przypadku. Finalna dyspozycja o dodruku podjęta została w kwietniu 2013 roku, a emisja rozpoczęła się rok później. W międzyczasie Polska Wytwórnia Papierów Wartościowych zajmująca się drukowaniem banknotów przeszła z rąk ministra skarbu (Włodzimierza Karpińskiego) w ręce ministra spraw wewnętrznych (Bartłomieja Sienkiewicza). Już pierwszy miesiąc emisji przyniósł skokowy wzrost gotówki w obiegu. Wyniósł on około 2,6 miliarda złotych, co było trzy i pół razy wyższym wynikiem niż średnie tempo wzrostu podaży pieniądza z poprzedniego półrocza.

Rozmowa Belki z Sienkiewiczem obfitowała także w inne istotne kwestie. Jedną z nich był temat piramidy finansowej Amber Gold. Było to zaledwie wtrącenie do szerzej omówionego przez polityków zagadnienia afer w różnych państwach, jednak mogło ono budzić poważne zastanowienie.

Marek Belka: [...] Ciekaw jestem, jak by to wyglądało u nas, gdyby sytuacja była podobna. Chociaż była podobna. Tylko jak to zawsze mówią, jaki kraj, taki terroryzm, więc jaki kraj, takie awantury. Młody Tusk, się okazuje, jest zatrudniony w firmie, kurwa, nie wiadomo jakiej.

Bartłomiej Sienkiewicz: OLT.

Marek Belka: Nawiasem mówiąc, ja o tym nie wiedziałem. Ale kilka miesięcy przed faktem zadzwoniłem do Donalda i powiedziałem mu, że sprawa Amber Goldu jest dość poważna, że jest to piramida finansowa, ale poważniejsza ze względu na to, że oni są właścicielami tego szybko rozwijającego się OLT Express. Że będzie jakaś awantura z tym OLT Expressem, ale przeszło na tematy [...].

Kwestia piramidy finansowej nie była jedyną budzącą kontrowersje w trakcie rozmowy dwóch polityków. Wśród biznesmenów przestrach z pewnością wzbudziły plany walki z „tłustymi misiami", jak Sienkiewicz nazywa biznesmenów i bogaczy. Po publikacji fragmentów dyskusji na ten temat członkowie Polskiej Rady Biznesu wydali nawet oświadczenie wyrażające spore zaniepokojenie i ostry sprzeciw wobec takich zamierzeń ministra spraw wewnętrznych. Sposób na rozprawienie się z biznesmenami na przykładzie jednego z najbogatszych Polaków, Zbigniewa Jakubasa, przedstawił Sienkiewicz.

Marek Belka: No i jesteśmy w związku z tym w dupie, bo jesteśmy wobec trudnych negocjacji z człowiekiem, który już uważa, żeśmy go [Jakubasa – przyp. aut.] okradli, bo dotychczas okradał państwo od wielu lat.

Bartłomiej Sienkiewicz: No to trzeba mu pokazać, jak można bardziej go okraść. [...] No, to ja mam taką możliwość, ostatnio mi się pojawiła. Bo zrobiłem takie, ci opowiadałem, zrobiłem taki kompot z Seremeta w sprawie ścigania przestępczości zorganizowanej, gdzie mamy zapięte CBŚ, UKS i urzędy skarbowe, z warsztatami, szkoleniami służby. Mam wrażenie, że za jakiś czas to będzie bardzo przyzwoite narzędzie także do rozgrywania naszych gier z takimi tłustymi misiami, którzy uważali, że są do tej pory kompletnie bezkarni. Oni byli bezkarni, dlatego że sam CBŚ wobec takiego Jakubasa to mógł mu nagwizdać, urząd skarbowy też mógł mu nagwizdać. Wszystko razem złożone to kupy to już jest zupełnie inna bajka.

W kontekście rozmowy Sienkiewicza, Cytryckiego i Belki warto wspomnieć o poglądach szefa resortu spraw wewnętrznych, które przeszły do historii polskiej polityki. Jednym z nich była opinia na temat rządowej spółki celowej Polskie Inwestycje Rozwojowe. Minister, prawnuk wybitnego nowelisty i powieściopisarza Henryka Sienkiewicza, skwitował jej działanie w kwiecistych słowach: „Polskie Inwestycje Rozwojowe są, niestety, jak to się górnolotnie nazywa i bardzo eufemistycznie... Ich po prostu nie ma. To chuj, dupa i kamieni kupa". Dziennikarze i internauci szybko docenili literackie wyrafinowanie ministra, komentując: „Jakie czasy, taki Sienkiewicz". Równie chętnie przytaczana była sentencja: „Państwo polskie istnieje teoretycznie, praktycznie nie istnieje, dlatego że działa poszczególnymi swoimi fragmentami, nie rozumiejąc, że państwo jest całością". Skrócona i wyrwana z kontekstu wypowiedź robiła szokujące wrażenie i była pożywką dla antyrządowych mediów.

Inną doskonale opisującą rzeczywistość wypowiedzią było: „Podstawowe pytanie Polaka brzmi: co ja z tego, kurwa, mam?! Gdzie jest ten pieniądz u mnie w portfelu? A nie że ma wypierdolonego orlika przed oknami, bo on ma w dupie tego orlika, podobnie ma tę autostradę w dupie. [...] Najpierw są takie aspiracje, aby państwo było bardziej umyte i bardziej przypominało to, co na Zachodzie albo co sobie wyobraża. A potem się aspiracje przesuwają do własnego portfela". Wypowiedź ta jest doskonałą kondensacją wielu procesów społecznych, a jednocześnie nabiera nowego znaczenia w kontekście prognozowania Marka Belki na temat przyszłości politycznej Platformy Obywatelskiej. Prezes NBP wspominał podczas rozmowy, że wyczuwał zmianę i fakt, że PO nie utrzyma się przy władzy. Według niego rok 2015 miał stać się rokiem zmiany.

Trzepanie żony

Nagranie, które przesądziło o politycznej śmierci byłego modela i ministra transportu Sławomira Nowaka, zostało zarejestrowane w tym samym pomieszczeniu, w którym decydowały się losy przyszłości Rostowskiego. Nowak, któremu wielokrotnie udawało się wychodzić z opresji i „medialnego rusztu", tym razem został przyparty do muru. Jego spotkanie z generalnym inspektorem informacji finansowej Andrzejem Parafianowiczem oraz pułkownikiem Dariuszem Zawadką, byłym dowódcą GROM-u, piastującym wówczas stanowisko wiceprezesa Przedsiębiorstwa Eksploatacji Rurociągów Naftowych, było gwoździem do ministerialnej trumny. Przyczyną była niezbyt przejrzysta sytuacja finansowa Nowaka.

> **Sławomir Nowak:** I chcą ją trzepać [żonę – przyp. aut.]. Cały 2012 rok. Chcą najpierw wziąć rachunek bankowy. [...] Mam nadzieję, że to dotyczy tylko jej działalności, a nie będą chcieli crossować tego z moim rachunkiem. [...] Bo ona jedzie od paru lat na stracie, potężnej.

Andrzej Parafianowicz: Ja to wszystko wiem... Ale... Bo ja z Urzędu Kontroli Skarbowej to już odkryliśmy bardzo dawno. UKS, komputery wyrzuciły [...]. Zablokowałem to... I teraz sprawdzają się moje prorocze słowa. Mówiłem Grasiowi: „Czyście ochujeli?! Czyżeście ochujeli do końca?!". Vincent [Rostowski - przyp. aut.] z nienawiści do mnie zabrał mi urzędy skarbowe. Proszę bardzo, jest moim szefem, może robić, co chce. Dzwonię do Kapicy [Jacek Kapica, wiceminister finansów, który nadzorował urzędy skarbowe - przyp. aut.]. „Pojebało was? Pojebało was?". Nic nie zrobił. Pamiętasz komisję hazardową? Kapica miał notatkę, że go poseł na korytarzu zapytał, jaka jest pogoda. Pamiętasz to?

Sławomir Nowak: Widocznie tak [się] musiało zmienić, bo w moim postępowaniu, w tym zegarkowym, przyszła laurka z urzędu, że super, wszystko jest OK. A teraz wchodzą do mnie z kontrolą. Już moi prawnicy są zdumieni.

W dalszej części rozmowa płynnie przechodzi na kwestie finansowe związane z działalnością gospodarczą żony polityka. Nowak doskonale zdaje sobie sprawę, że sytuacja będzie wyglądała nieciekawie.

Sławomir Nowak: [...] Na pierwszy rzut oka jest słabo. No, co zrobi ten dyrektor z Gdańska? Tam jest Mirek. On jest strachliwy chłopak. Dobry, ale strachliwy, nie? Trzeba mieć jaja. [...] Teraz rzeczywiście 2013 i 2014 rok [moja żona] ma dużo lepszy i taki wreszcie bez strat. [...] Najgorszy scenariusz dla mnie jest taki, kurwa, że w całym tym moim bałaganie jeszcze zaczną z nas robić, kurwa, nie wiem, oszustów czy ludzi...

Andrzej Parafianowicz: A jak! No oczywiście!

Sławomir Nowak: A powiedz, co w najgorszym wariancie mi grozi za takie rzeczy?

Andrzej Parafianowicz: Zależy, co znajdą...

Sławomir Nowak: Powiedzą, że nie wykazywała dochodów, a miała wpłaty na konto.

Andrzej Parafianowicz: To każą dopłacić. Jeśli będzie grubo, to mogą zrobić postępowanie karnoskarbowe.

Sławomir Nowak: To nie są wielkie pieniądze – pięćdziesiąt tysięcy.

Andrzej Parafianowicz: To raczej nie o kwotę chodzi, tylko o styl niedopłacenia, rozumiesz, nie? I to, co mówisz. Że sam fakt możesz ocenić jako gapiostwo: leciutko zachachmęciłem. Nie no, panie, co to jest? To jest czysty bandytyzm. Rozbój w biały dzień. I później się szarpiesz przez lata... Jaką mają intencję, czy to jest rutynówka, czy zadaniowa? Bo jak zadaniowa, to cię rozj...

Sławomir Nowak: Kurwa [...].

Andrzej Parafianowicz: Słuchaj, tak jak mówię, próbuję się dowiedzieć od Gośki, skąd to się wzięło. Jeśli wie. Bo wtedy będzie można pomyśleć, czy to w ogóle jest... pole do rozmawiania z tym dyrektorem [...].

Co wzbudza największe zastanowienie, to zdecydowanie inny ton rozmówców podczas poruszania kwestii prywatnych i państwowych. O ile pierwsze wzbudzały żywe zainteresowanie i przejęcie, to w przypadku spraw państwowych widoczne są zdecydowanie większy spokój i beztroska. Uczestnicy spotkania pozwalali sobie nawet na żarty i śmiech. Obśmiano choćby projekt gazoportu w Świnoujściu. Nieprawidłowości ośmieszane przez Nowaka i Parafianowicza w 2013 roku podczas rozmów w saloniku vipowskim u Sowy potwierdził raport Najwyższej Izby Kontroli z początków roku 2015.

Andrzej Parafianowicz: Mówię ci, jest co robić, tylko że nas za chwilę wymiotą za kaftan.

Sławomir Nowak: Dlaczego?

Andrzej Parafianowicz: A gdzie rozładować tankowce?

Sławomir Nowak: No, no, w Świnoujściu, nie?

Andrzej Parafianowicz: A jest?

Sławomir Nowak: No są [...] trochę opóźnienia. [...]

Andrzej Parafianowicz: Oni podpisywali takie niekorzystne umowy, co pozwala Włochom [firmie włoskiej, która stała na czele konsorcjum budującego gazoport – przyp. aut.] się bezkarnie opóźniać.

Sławomir Nowak: Nie, bezczelni są. Ja pamiętam, [...] że z dozorem technicznym walczyłem. Jeszcze Budzanowski [Mikołaj Budzanowski, minister skarbu państwa w latach 2011–2013 – przyp. aut.] był. [...] Dozór przychodzi. Wiesz, ci Włosi chcą kłaść rury bez żadnych atestów, bez niczego. No to po prostu przyjdzie pierwsza lepsza kontrola i to wszystko wywali w powietrze.

Andrzej Parafianowicz: A wiesz, Katarczycy już tankują pierwszy gazowiec, nie.

Sławomir Nowak: I co z nimi?

Andrzej Parafianowicz: Będzie sobie pływał w Bałtyku. (głośny śmiech) To jest duży tankowiec, nie wiem, czy da radę zawrócić. Zanim się złamie, to tak od Szwecji...

Sławomir Nowak: A mu w Gdańsku nie możemy odebrać?

Andrzej Parafianowicz: Nie ma instalacji. Dobrze, że ten Katar, to znaczy te szejki się racjonalnie zachowują. Jak się usztywni, no to co mu zrobisz? [...] Jak oni zrobią dla nas precedens...

Sławomir Nowak: To inni powiedzą...

Andrzej Parafianowicz: To inni powiedzą: „No, chłopaki"...

Sławomir Nowak: No. No i co, uważasz, że nie zdążą z tymi instalacjami tam?

Andrzej Parafianowicz: Wiadomo, że nie zdążą.

Sławomir Nowak: Na pewno nie zdążą.

Andrzej Parafianowicz: Kurwa. Oni teraz mówią o jesieni 2015, a na mieście mówią coś o 2017. [...] No i wiesz... Ale tego się nie udaje ustalić, bo jak będziesz wiedział na sztywno, że to już na pewno, to można z tymi Katarczykami jakoś gadać. Ale co, co mu powiesz?

Andrzej Parafianowicz: No tak. Poczekajcie. Ale do kiedy? Nie? Do kiedy?

Częścią spotkania Nowaka z Parafianowiczem i Zawadką jest monolog byłego ministra transportu na temat perypetii z zegarkiem. Opowiada rozmówcom, że oskarżenie go o niezgłoszenie w oświadczeniu majątkowym zegarka jest elementem zemsty wewnątrzpartyjnej. Podaje przykłady zupełnego braku zainteresowania prokuratury sprawami niejasnych przelewów finansowych rzecznika Prawa i Sprawiedliwości Adama Hoffmana, a skupienia się na nim, Nowaku. Widział to jako element walki, do której wykorzystano prokuratora generalnego Andrzeja Seremeta.

Wypowiedź ministra może mieć swoje uzasadnienie w kuluarowych informacjach na temat struktury partyjnej. Według nich Sławomir Nowak, pomimo ewidentnych wpadek wizerunkowych, ciągle był bardzo blisko premiera, co nie podobało się jego kolegom z ugrupowania.

Na zakończenie rozmowy były szef resortu transportu przywołał sytuację wyborczą z 2005 roku. Według jego relacji sztab kandydującego wówczas na urząd prezydenta Donalda Tuska uzyskał poparcie Zbigniewa Religi tylko dzięki wykupieniu długów jego komitetu. Sztabowcy kardiochirurga swoim nieodpowiedzialnym gospodarowaniem funduszami doprowadzili do bardzo niekorzystnej sytuacji. Z przedstawionej przez Nowaka relacji wynika, że Religa został szefem honorowego komitetu popierającego Tuska w drugiej turze wyborów prezydenckich właśnie w zamian za rozwiązanie tych problemów finansowych.

Zdumiewający jest fakt, iż dla wszystkich z wyjątkiem prokuratury rozmowa ta była sygnałem popełnienia przestępstwa. Nawet premier RP Donald Tusk na pierwszej konferencji kategorycznie skrytykował tę rozmowę i dał wyraźny sygnał, że jest ona złamaniem prawa. Również sam Nowak z okładki poczytnego tygodnika wołał: „To już koniec. Odchodzę na zawsze". Może gdyby wiedział, że prokuratura w krótkim czasie umorzy sprawę, nie deklarowałby szybkiego złożenia mandatu poselskiego.

Polski folklor, „skutecznie przewidziany" wynik śledztwa i niewolnicy Schetyny

Bardzo częstym gościem saloników vipowskich restauracji Sowa & Przyjaciele był prezes Polskiego Koncernu Naftowego Orlen Jacek Krawiec. Na scenie biznesowo-politycznej był ewenementem i wzorem dla wielu. Przyczyn tego było kilka. Pierwsza to długość urzędowania. Powołany na stanowisko prezesa w 2008 roku przetrwał na nim przeszło siedem lat. Istotną rolę odgrywało wypłacane honorarium sięgające trzech milionów złotych rocznie oraz dodatkowe uposażenia, na które składały się chociażby wydatki w restauracjach. A te nie należały do najniższych, prezes Krawiec miał bowiem wyrafinowany gust. Cenił świetnej jakości świeże ryby i mięsa. W kwestii win lubował się w hiszpańskim trunku Vega

Sicilia, którego restauracyjna cena zazwyczaj oscylowała w okolicach dwóch tysięcy złotych.

Lubił Łukasza i ufał mu. Często pozwalał sobie na rozmowy z nim na tematy prywatne i biznesowe. Opowiadał o innych politykach, wprowadzał w świat polityki i biznesu. Poznał go jeszcze w restauracji Lemongrass. Tam został przez Łukasza szybko wyłowiony z tłumu zwykłych klientów. Zawsze mógł liczyć na specjalne względy. Krawca, jak wielu innych, z pewnością ujmowały oddanie i dyspozycyjność Łukasza. Był on gotów przyjechać o każdej porze dnia i nocy, aby tylko utrzymać najważniejszych gości. Organizował catering dla chorych prezesów i ich żon, romantyczne kolacje nad Wisłą i wiele innych wyjątkowych zleceń.

Na prezesie koncernu naftowego dobre wrażenie z pewnością robiły też przebojowość i pewność siebie Łukasza. On sam, mimo zarządzania ogromnym przedsiębiorstwem, nie miał talentu do publicznych wystąpień. Stresowały go i nie czuł się podczas nich dobrze. Unikał ich. Według kuluarowych plotek to właśnie dlatego kariera polityczna była dla niego zamknięta i dlatego skupił się na polu biznesowym. Tu miał także większą swobodę i możliwość powrotu do młodzieńczych pasji. Jedną z nich były biegi. Był halowym mistrzem Polski i wicemistrzem biegów przełajowych już w wieku siedemnastu lat. Gdyby nie kontuzja wiązadła odniesiona na mistrzostwach świata juniorów, z pewnością jego losy potoczyłyby się inaczej.

Budżet Orlenu pozwolił mu do tej pasji powrócić poprzez cykliczne organizowanie największej imprezy biegowej w Polsce, czyli Orlen Warsaw Marathon. Największa pula nagród i największe zainteresowanie biegaczy z całego świata były kolejnym potwierdzeniem zdolności menedżerskich prezesa. Prezesa, o którym jego polityczni i biznesowi znajomi mówili, że w młodości był „niezłym hipisem". Z tamtych czasów nie pozostały jednak ani bujna fryzura, ani nawet pierwsze imię, Dariusz, którego przestał używać.

Potwierdzeniem bliskich relacji z Łukaszem były także wstępne rozmowy Krawca, który rozważał opcję zainwestowania w restaurację, a zarządzanie nią chciał powierzyć właśnie Łukaszowi. Miała to być jego inwestycja na emeryturę. Negocjacje szły niespiesznie, a zostały przerwane w czerwcu 2014 roku po publikacji taśm. Jednym z pierwszych upublicznionych zapisów była właśnie rozmowa Jacka Krawca z prawą ręką Donalda Tuska, Pawłem Grasiem.

Jednym z głównych jej wątków, które zostały szeroko opisane przez media, był poruszony przez nich temat „pisogrodu" rzekomo panującego w prokuraturze apelacyjnej w Warszawie. Zdaniem rozmówców prokurator generalny Andrzej Seremet i jego ludzie już są nastawieni na zmianę rządów. Ze względu na sondaże i rosnące poparcie Prawa i Sprawiedliwości mieli wydawać „coraz dziwniejsze werdykty". Zastanawiający jest w tym kontekście wątek śledztwa przeciwko byłemu członkowi zarządu koncernu. W trakcie rozmowy z Grasiem, która odbyła się w lutym 2014 roku, prezes Krawiec mówił o umorzeniu sprawy. To nastąpiło dopiero pod koniec czerwca, ponad cztery miesiące później.

Jacek Krawiec: No, ale ten Seremet [Andrzej Seremet, prokurator generalny - przyp. aut.] to był tak wybrany. Tutaj cała przecież ta [prokuratura - przyp. aut.] apelacyjna warszawska to przecież jest pisogród, kurwa, totalny. Zamknęła mi tego, kurwa, mojego zastępcę po damski chuj, się okazuje, kurwa. Facet czterdzieści dni siedział i za chwilę ma mieć umorzoną sprawę. Gdzieś tam sobie poradzi zawodowo, ale u nas był taki kryzys, kurwa [...]. Tam jest zastępca Tyl [Waldemar Tyl, zastępca prokuratora apelacyjnego w Warszawie - przyp. aut.] i wszystko jest ekipa, wiesz. No, ale w prokuraturze mają swoje siedlisko.

Paweł Graś: Jeszcze tym oddzieleniem [funkcji ministra sprawiedliwości i prokuratora generalnego - przyp. aut.] dopomogliśmy. Także właściwie wiesz, żadnych środków sobie państwo nie zostawiło, żeby oddziaływać.

Najbardziej obrazowy jest jednak opis realiów polskiej polityki. W pierwszej kolejności obgadywani są koledzy partyjni Pawła Grasia. Na tapetę wzięty zostaje Sławomir Nowak i sprawa jego zegarka, którego nie zgłosił w oświadczeniu majątkowym. Obaj rozmówcy mocno krytykują wątpliwe tłumaczenia Nowaka i niepotrzebne zaognianie sprawy na portalach społecznościowych. Ubolewają też, że stracili ważnego gracza, przynajmniej na jakiś czas, aż sprawa nie przycichnie. Obrywa się szefowi resortu spraw wewnętrznych, na którego temat Graś przytacza opinię Tuska: „Myślał, że, jak to Donald mówi, sobie przyjdzie i stanie, kurwa, w tej apaszce z papieroskiem, i będzie OK. I będzie nam mówił, jak ma być, bo on wie najlepiej, to teraz, kurwa, się skończyło". Rozmówcy dotykają tematu szefa rządu i jego dalszych planów. Krawiec był bardzo ciekawy scenariusza polskiego premiera i tego, co po nim zostanie. Obawiał się, że w przypadku europejskich aspiracji Tuska nastąpi rozprężenie szeregów Platformy Obywatelskiej i w konsekwencji tego zmiana władzy.

Paweł Graś: [...] wszyscy mu tłuką, żeby, wiesz, albo na szefa komisji, albo na Van Rompuya, szefa Rady Europejskiej.

Jacek Krawiec: Jest to kuszące, ale ryzykowne chyba trochę, bo po czterech latach tam to już chyba na zawsze [wypadnie - przyp. aut.] z polskiej polityki. Bo co on tu może jeszcze więcej zrobić?

Paweł Graś: Chyba że wiesz, wraca na prezydenta [...].

Jacek Krawiec: Jeżeli jest taka opcja pogodzenia tego i trzymania tutaj cały czas partii i spraw wszystkich w ręku, to tak, chyba że pójdziesz tam i tu się to wszystko rozjebie, to wtedy się trzeba zastanowić.

Paweł Graś: Nie widzę, kim by to można było utrzymać, bo już Grzegorz [Schetyna - przyp. aut.] to na pewno nie, w ogóle na to nie ma szans. Zresztą to widać po tym Dolnym Śląsku, jak tam, kurwa, ludzie odetchnęli, stary, jakby się z kolan podnieśli, jakby ich z jakiejś, kurwa, niewoli egipskiej wyprowadzić, tak ich wszystkich tam terroryzował, za mordę trzymał, że teraz nawet jego zwolennicy oddychają z ulgą, że się skończyło, jak się skończyło.

Jacek Krawiec: Wiesz, takich chętnych, żeby to wszystko wziąć, to by się pewnie znalazło, tylko pytanie, czy on by chciał, kurwa.

Paweł Graś: Tylko żaden nie ma na to papierów, więc na razie, wiesz, mieliśmy długą rozmowę na ten temat.

Jacek Krawiec: Ciężka decyzja, mówię, bardzo kusząca, bo to jednak idziesz w zupełnie inną orbitę, odseparowujesz się od tego wszystkiego, od tego syfu, kurwa, jesteś dużym misiem, odseparowujesz się od tego folkloru, od tego syfu. Tak naprawdę pytanie jest o motywację, można mieć w życiu różne motywacje, można trzy kadencje być premierem.

Paweł Graś: On ma motywację najważniejszą, czyli wygrać wybory w 2015.

Jacek Krawiec: To jest nie do zrobienia. [...] Ryzyko jest takie, że przepierdoli Platforma wybory, przyjdą te oszołomy, kurwa, i zrobią tu, kurwa, kocioł taki, że wszyscy będą mieli... wiesz.

Na koniec Łukasz ostrzegł rozmówców, że przed restauracją kręcą się dziennikarze i ekipa telewizyjna nagrywająca coś w stylu wspomnień przedwczorajszych urodzin premier Bieńkowskiej. W odpowiedzi usłyszał od Grasia soczyste: „Ja pierdolę". Uczestnikom spotkania nie na rękę było najwyraźniej spotkanie z dziennikarzami i fotoreporterami. Dzięki ostrzeżeniu menedżera restaurację opuścili niepostrzeżenie.

Litr paliwa za siedem złotych!

Jacek Krawiec poruszał głównie tematy biznesowe. A że biznes paliwowy trudno było oddzielić od polityki, stąd też jego gośćmi najczęściej byli właśnie urzędujący ministrowie. Dyskutował z Włodzimierzem Karpińskim, szefem resortu skarbu, oraz Zdzisławem Gawlikiem, sekretarzem stanu w tymże resorcie. Powodem spotkania było ustalenie składu rady nadzorczej Polskiego Koncernu Naftowego Orlen. Jacek Krawiec od razu przeszedł do sedna. W odpowiedzi uzyskał dokładne instrukcje i wyznaczniki obsadzania stanowisk zgodnie z równouprawnieniem płciowym.

Jacek Krawiec: Słuchaj, zanim Gawlik przyjedzie, chciałem z tobą porozmawiać, co robimy odnośnie naszej kadencji. Bo Jagiełło [Zbigniew, prezes banku PKO BP – przyp. aut.] poszedł pierwszy, choć muszę ci powiedzieć, że jak ze mną się kiedyś umawiał [...], że będziemy razem załatwiać ten temat. A teraz spotykam [...] i on mi mówi, wiesz, bo ja doszedłem jednak do wniosku, że trzeba wcześniej zarząd załatwiać.

Włodzimierz Karpiński: Sarotę [Angelina Sarota, sekretarz rady nadzorczej Orlenu – przyp. aut.] weźmiemy do zarządu?

Jacek Krawiec: Do zarządu? No to nowa sprawa. To nie wiedziałem.

Włodzimierz Karpiński: Szczerze mówiąc, o tym chciałem z tobą porozmawiać od jakiegoś czasu [...].

Jacek Krawiec: A skąd pomysł? Szczerze.

Włodzimierz Karpiński: No, z dużych wierchów. Ale ja go jakby żyruję. Ja tym potrafię zarządzić [...].

Jacek Krawiec: Ja ci powiem tak, intelektualnie i jeśli chodzi o doświadczenie, nie da rady. Na pewno. Cokolwiek by nie dostała, to nie da rady. To jest duża, skomplikowana organizacja, trzeba by było ją brać na hol i po prostu, wiesz, za głęboka woda dla niej.

Włodzimierz Karpiński: Nie, OK. Bo ja zapytałem, tu pomysł taki, są różne te... Ona w ogóle - między nami - chce odejść do biznesu. To po pierwsze. Po drugie [...] za chwilę mi się nałoży w latach wyborczych jakaś pierdolona polityka genderowa. Balans, wzorce, Francja, Skandynawia. Już mnie, wiesz, zaczyna poszczypywać pani pełnomocnik.

Jacek Krawiec: Dokładnie. To ci mogę podpowiedzieć, myśmy ten temat analizowali, jak była Oliwa [Grażyna Piotrowska-Oliwa, była wiceprezes Orlenu - przyp. aut.] w zarządzie u nas. W największych firmach czy w firmach tego sektora na świecie nie ma kobiet w ogóle. Jak jeżdżę na europejski okrągły stół, są wszystkie największe firmy przemysłowe oprócz instytucji finansowych i jest tam jedna kobieta na pięćdziesiąt osób. I to, że sobie Francuziki wymyślili... [...] W tej branży to masz ratio absolwentów politechniki dziesięć do jednego. Zresztą wiesz, bo kończyłeś. [...]

Włodzimierz Karpiński: Ja nie jestem supermenedżerem [...]. To jest pozycja polityczna. Pierwsza rzecz, że premier docenił z jakichś powodów, zaufał mi. To jest oczywiście wielki zaszczyt i prestiż. Ale czuję się w obowiązku dostarczenia mu paliwa. I tak sobie założyłem, co mi na razie [...], na poziomie nadzoru wychodzi, wiesz, kobieta jest u ciebie, kobitka jest u Wirtha [w spółce KGHM Polska Miedź - przyp. aut.], kobieta jest w Azotach, gdzieś jeszcze jest kobitka, kurwa... Azoty, KGHM, Orlen... No i uzgodniliśmy, że trzeba będzie się napierdalać z Palikotem i z Millerem. Czyli możesz się napierdalać konkretami, nie, nie deklaracjami. Oni są w deklaracjach, wszystko mogą.

Kolejne poruszane wątki dotyczą, podobnie jak w przypadku rozmowy Krawca z Grasiem, oceny sytuacji na domowym podwórku i pracy funkcjonariuszy państwowych. Obrywa się prezesowi zarządu Polskiej Grupy Energetycznej, który z racji bliskiej znajomości z Donaldem Tuskiem „ma wszystkich w dupie", stąd liczba jego wrogów ciągle rośnie. Wrogów miał także Jan Bury, poseł PSL, którego Karpiński mógł „wyjebać w kosmos". Po wszystkim tłumaczył, że było to zwykłe nieporozumienie i emocje pomiędzy dwoma politykami. W tym kontekście zdecydowanie lepiej wypadła wicepremier Bieńkowska, która Karpińskiemu bardzo odpowiadała z racji swojej niepolityczności i „sfiksowania" na zadaniach.

Na koniec spotkania rozmówcy przywołują sytuację wyborów parlamentarnych z 2011 roku. Według prezesa Orlenu ceny paliw wówczas odegrały w nich istotną rolę i pomogły Platformie Obywatelskiej zwyciężyć na drugą kadencję. Krawiec wspomina o rozmowie z Tuskiem, który podczas świętowania wygranej stwierdził: „Teraz, kurwa, to paliwo może być nawet i po siedem złotych", po czym wszyscy rozmówcy wybuchnęli śmiechem, a komentarzem ministra skarbu było jedynie stwierdzenie: „Wszystkie chwyty dozwolone".

Lamenty nad Nowakiem

Wśród tematów poruszanych przez polityków i biznesmenów w VIP roomach restauracji Sowa & Przyjaciele powtarzał się wątek Sławomira Nowaka i jego nieszczęsnego zegarka. Wynikało to z faktu, że uczestnikami spotkań byli członkowie grupy z nim powiązanej. Były minister to ich dobry znajomy, ponadto to on pokazał im restaurację Sowa & Przyjaciele, a także on ich zapoznał z Łukaszem. Wątek zegarka poruszył także lobbysta i przyjaciel Nowaka, Piotr Wawrzynowicz, w rozmowie ze Stanisławem Gawłowskim, wiceministrem środowiska. Lobbysta pracujący dla Jana Kulczyka, który to miał kupić byłemu ministrowi zegarek, narzekał na polską biurokrację i nadgorliwość urzędów skarbowych. Według niego takie rzeczy nie powinny się dziać, bo przecież zegarek jego kolegi nie kosztował stu osiemdziesięciu tysięcy, jak mówi. W odpowiedzi na to Gawłowski dodaje, że w USA to tylko dobrze, że ktoś kupuje zegarki, bo to wzmacnia gospodarkę.

W ich rozmowie najbardziej zastanawiający dla dziennikarzy zajmujących się aferą taśmową był wątek konsultacji nad nieznanym projektem. Sam Gawłowski tłumaczył, że chodziło o konsultację programu regionalnego PO, który właśnie rozpoczęto na Pomorzu Zachodnim, i wykorzystanie doświadczenia wyniesionego przez Wawrzynowicza z Biura Krajowego Platformy. Tłumaczenie to wywołało spore wątpliwości ze względu na utrzymywany przez rozmówców poufny charakter spotkania: płacenie gotówką, by nie zostawiać śladów, opuszczanie saloniku osobno…

Stanisław Gawłowski: Tylko szybko. Bo my dzisiaj wysłaliśmy, czy wczoraj, bo nie mogliśmy dłużej już jakoś oficjalnie, a wysłaliśmy ze trzydzieści, czterdzieści, dużo…

Piotr Wawrzynowicz: Dobra, OK.

Stanislaw Gawłowski: …żeby na razie zdjąć z porządku, żeby doprowadzić do […] konsultacji, a wtedy dorzucimy te różne jeszcze inne.

Piotr Wawrzynowicz: Bardzo fajny pomysł, podoba mi się. Słuchaj. Proponuję zupę z owoców morza i jagnięcinę.

Stanisław Gawłowski: Bardzo dobrze.

Piotr Wawrzynowicz: No widzisz. Bardzo dobrze. Ja mam czas. Dzisiaj się nie śpieszę. Myśmy sobie spokojnie, Staś, zjemy [tak w oryg. - przyp. aut.].

[…]

Piotr Wawrzynowicz: Rozchodzimy się w grupach.

Stanisław Gawłowski: W podgrupach.

Piotr Wawrzynowicz: Ty wyjdź pierwszy, ja wyjdę drugi. I wszystko normalne […].

Stanisław Gawłowski: To ja dziękuję za miły obiad, i za dobry obiad na dodatek.

Piotr Wawrzynowicz: Dzisiaj był dobry obiad, dzisiaj stołówka wydała.

Stanisław Gawłowski: Stołówka dzisiaj sobie poradziła, i pan Łukasz se poradził na dodatek.

Piotr Wawrzynowicz: Stołówka wydała dziś dobry obiad, więc jest OK.

Czy ostatnie zdania nie sugerują, że nie tylko ja z Łukaszem używaliśmy zrozumiałego jedynie dla nas kodu? Łukasz był bardzo dobrym obserwatorem i umiał dogłębnie analizować sytuacje. O „Wawrzynie", jak nazywał lobbystę, mówił, że „jest dokładnie jak my", tylko na znacznie wyższym poziomie. O jego towarzyszach, z którymi również rozmawiał o inwestycjach w restaurację, mówił, że nie warto z nimi współpracować, gdyż „szybko by nas wydymali". Samego Wawrzynowicza cenił za trzymanie się z dala od świecznika i zachowywanie pozorów normalności. Według niego było to chociażby przyjeżdżanie na rowerze na ważne spotkania. Ja twierdziłem, że to po prostu logika. W końcu mieszkał na warszawskim Powiślu, więc na Gagarina miał około dwa kilometry po płaskim terenie. Do Klubu Polskiej Rady Biznesu dystans był podobny, jednak wymagało to sporego podjazdu pod górkę. Może również dlatego bywał w nim rzadziej?

Kto pracuje za sześć tysięcy złotych, czyli idiota, debil, skurwiel i Pendolino

Na temat rozmowy wicepremier Elżbiety Bieńkowskiej i Pawła Wojtunika, szefa Centralnego Biura Antykorupcyjnego, spekulowano bardzo dużo. To była jedna z ostatnich rozmów zarejestrowanych w restauracji Sowa & Przyjaciele. Tym, co zwróciło największą uwagę słuchających, był z pewnością komentarz szefowej resortu odnośnie do zarobków jej koleżanki, które są niewspółmierne do kwalifikacji. Według Bieńkowskiej za sześć tysięcy może pracować albo złodziej, albo idiota. Zdecydowana większość Polaków nie dorosła chyba jeszcze do rangi idiotów. Ja również.

Po odsłuchaniu nagranej rozmowy jak idioci mogli również poczuć się górnicy, których losem według Bieńkowskiej przez dwie kadencje nikt się nie zajmował.

Elżbieta Bieńkowska: Zadzwoniłam do Włodka [Włodzimierz Karpiński, minister skarbu - przyp. aut.], czy skończyły się sprawy górnicze, przy których szarpią nam, mieszają. Ponieważ nie chcę się nimi zajmować, a chcę, bo mieszkam, i chciałabym, żeby jakoś tam szło, ale było wczoraj spotkanie i Włodek mówi: „Skończyliśmy, ale siedzimy jeszcze w ministerstwie". A ja pomyślałam: kurde, może i pojechałam do tego ministerstwa, a tam normalnie siedzą i piją w ogóle wódkę cztery osoby, i skończyłam z nimi ten dzień świąteczny... Mówię ci, żenada z tym całym górnictwem i z tą gospodarką, po prostu takie zaniedbania... Prawda jest taka, że właściciel, czyli Ministerstwo Gospodarki, generalnie w dupie miało całe górnictwo przez całe siedem lat. Były pieniądze, a oni, wiesz, pili, lulki palili, swoich ludzi poobstawiali, sam wiesz, ile zarabiali, i nagle pierdyknęło. A ja to słyszałam naprawdę od roku, to na pewno. Tylko to nie jest moja kompetencja... Jest Tomek, który ma się tym zajmować, Tomczykiewicz [Tomasz Tomczykiewicz, baron PO ze Śląska - przyp. aut.].

Tak zaczęli do mnie z tą Kompanią chodzić, no to jest kwestia wszystkich spółek, nie tylko Kompanii, która jest w sytuacji tak tragicznej...

Paweł Wojtunik: Masz pomysł, jak z tego wyjść?

Elżbieta Bieńkowska: Nie ma żadnego dobrego pomysłu.

Podczas czerwcowego spotkania rozmówcy nie zostawiają też suchej nitki na czołowych politykach Polskiego Stronnictwa Ludowego. Pierwszym z nich jest Jan Bury, którego Wojtunik określa mianem skurwiela powołującego się na wpływy Kluzikowej, czyli minister edukacji narodowej Joanny Kluzik-Rostkowskiej. W sukurs przychodzi mu Bieńkowska, opisując wątek dotyczący Pendolino i postawę wicepremiera Janusza Piechocińskiego. „A głupi Piechociński, po prostu to chyba, wiesz, debil jeden..." – skomentowała błyskotliwie podkręcanie tematu superpociągu i nadmierne interesowanie nim mediami przez polityka PSL. W odpowiedzi Wojtunik skwitował, że Alstom (producent Pendolino) ma wszędzie problemy.

Tak było w istocie. Koncern został skazany za korumpowanie urzędników państwowych w kilkunastu krajach Ameryki Południowej i Azji. W Stanach Zjednoczonych dostał rekordową grzywnę w wysokości niemal ośmiuset milionów dolarów. Nie była ona wzięta z sufitu, bowiem oferowane przez pracowników koncernu łapówki sięgały kilku milionów dolarów. W Polsce zarzuty usłyszał jedynie były wiceprezydent Warszawy, Jacek Z. Oskarżono go o przyjęcie dwóch milionów złotych korzyści finansowej w związku z przetargami na tramwaje i wagony metra. Warty ponad dwa miliardy złotych kontrakt na zakup pociągów Pendolino na razie nie wzbudził niczyich zastrzeżeń.

Jedenaście dodatkowych nagrań

Na początku 2015 roku zostałem wezwany przez Prokuraturę Apelacyjną przy ulicy Bródnowskiej w Warszawie. Miałem potwierdzić tożsamość rozmówców z nagrań będących w posiadaniu śledczych. Byłem pierwszą osobą, która zapoznała się z nimi poza kancelarią tajną, gdyż decyzją prowadzących sprawę stosunkowo szybko zdjęto z nich klauzulę poufności. Fakt ten jednak starano się utrzymać w dyskrecji i również ja zostałem o to poproszony. Fragmenty nagrań przekazanych prokuraturze wzbudziły powszechne zainteresowanie. Krążyło wiele teorii odnośnie do okoliczności ich zdobycia, a także zarejestrowanych treści. Wszystkie miały wydźwięk polityczny i w zdecydowanej większości pochodziły z restauracji Sowa & Przyjaciele.

Na jednej taśmie wiceminister infrastruktury Zbigniew Rynasiewicz opowiadał o swoich obawach w rozmowie z szefową Polskiego Holdingu Obronnego Patrycją Zielińską. Strach wiceministra związanego niegdyś z PSL, a działającego już wówczas w ramach Platformy Obywatelskiej, wzbudzała możliwość weryfikacji jego oświadczenia majątkowego.

Nie sposób w tej sytuacji uciec od domysłów, że wątek polityka związanego z rzeszowską Platformą Obywatelską nie był badany przy okazji afery podkarpackiej, o której na nagraniach również jest mowa. Szczególnie że Jan Bury wielokrotnie gościł w restauracji Roberta Sowy przy ulicy Gagarina.

Pozostałe rozmowy, które ujrzały światło dzienne, koncentrowały się na uchybieniach i rażących nieprawidłowościach w działaniu instytucji publicznych. Niczym w słynnym renesansowym *Dekameronie* Boccaccia każdy rozmówca przedstawił przerażającą, a jednocześnie poruszającą wyobraźnię historię… Festiwal zatrważających opowieści rozpoczął Rynasiewicz wątkiem szefa Instytutu Transportu Samochodowego Andrzeja W.

Zbigniew Rynasiewicz: On zrobił taką rzecz, słuchajcie, jego musiało się zwolnić albo do prokuratury. On sam sobie wypłacał za projekty europejskie, sam ze sobą podpisywał umowy, czterysta tysięcy sobie wziął. I najlepsze, że zapłacił w Warszawie ekspertom, którzy zrobili mu opinię, że tak naprawdę to mógł to sobie wziąć. Mógłby siedzieć, bo sam ze sobą podpisał te umowy, sam sobie zlecił, sam podpisał i sam wypłacił.

Jakby tego było mało, krnąbrny pracownik miał oszukać Rynasiewicza przy systemie e-kierowca, co ostatecznie przelało czarę goryczy…

Zbigniew Rynasiewicz: Mówię mu: „No chłopie, weź to, kurwa, zrób", wpisałem mu datę, ale nie dotrzymał.

Liczba 400 pojawia się ponownie w innej rozmowie. Chodziło jednak już nie o tysiące, ale miliony. Mówił o nich minister skarbu Włodzimierz Karpiński podczas spotkania z sekretarzami stanu Zdzisławem Gawlikiem i Zbigniewem Rynasiewiczem, szefem NIK Krzysztofem Kwiatkowskim i Sławomirem Nowakiem. Wówczas to szef resortu skarbu narzekał na „utopienie czterystu baniek", ponieważ: „Nie można dopuścić, by nasze rządy były pod znakiem bankructwa narodowego przewoźnika, więc tak naprawdę nie mamy wyjścia, musimy to dalej ciągnąć, ale wykorzystać tę szansę, by zmusić ich do naprawdę bolesnych rzeczy" – stwierdził Karpiński. Część sumy ratującej bankruta przeznaczona została na... wypłatę premii dla zarządzających spółką. (Ten ciekawy zwyczaj mógłby zostać przeniesiony do branży gastronomicznej. Wyglądałoby to zapewne tak: w pustej i nierentownej restauracji kelner otrzymywałby napiwki od gości, których nie ma, właśnie za to, że ich nie ma).

Na tym samym spotkaniu pada także informacja o planowanych działaniach Centralnego Biura Antykorupcyjnego w Generalnej Inspekcji Transportu Samochodowego, które objęte powinny być tajemnicą. Padły wówczas słowa: „Bartek uprzedził mnie dzień wcześniej, że tam prawdopodobnie będą wchodzić, ale ja mam do tego dość lekki stosunek". Prokuratorzy nie stwierdzili z całą pewnością, kto wypowiada te słowa, prawdopodobnie Zdzisław Gawlik. Czy chodziło o tego samego Bartka, któremu podlegał resort spraw wewnętrznych? Tego nie udało się zweryfikować, w końcu to dość popularne imię. Jednakowoż o „tym Bartku" wielokrotnie wypowiadali się szef CBA i Paweł Graś...

Potwierdzeniem zupełnie niesprawnego mechanizmu kontroli i audytów była kolejna upubliczniona rozmowa. Wicepremier Bieńkowska, która w restauracji Sowa & Przyjaciele była wyjątkowo wylewna, opowiadała wówczas o kontroli NIK. Tłumaczyła w prosty sposób praktykę działania polegającą na wykorzystaniu wyników kontroli z 2011 roku, tak aby było dobrze. Ministrowi Bartoszowi Arłukowiczowi kierującemu resortem zdrowia opisywała: „To znaczy wiadomo, że to nie jest prawda, ale co, kto będzie te pieniądze zwracał? Ja wiem, jak jest, kontrole robiliśmy po to, żeby wyszło, że jest dobrze. A jest źle, ale to są setki milionów złotych" – i płynnie zmieniła temat na przyjemniejszy.

Kwestia załatwienia etatu w Brukseli dla niejakiej Diany, która aby pobierać wynagrodzenie, nawet nie musiałaby się w tej pracy pojawiać, nie budziła już takiego zdumienia słuchających: „Ty masz od 1 lipca pracę, ale kto ci mówi, żebyś ty chodziła do pracy? Masz etat, a nie to, że masz chodzić do roboty, bo wiesz, to jest różnica. Będziesz tam referentką do spraw różnych, no i tyle, nie będziesz się ruszać, będziesz leżeć…". Znów nie do końca wiadomo, kto te słowa wypowiada, bo podczas przesłuchania nikt się do nich nie przyznał.

7. SJESTA PO OBIEDZIE

CO SIĘ ODWLECZE…

W Klubie Polskiej Rady Biznesu, w restauracjach Amber Room oraz Sowa & Przyjaciele zarejestrowano w sumie około stu rozmów. Większość pochodziła z restauracji przy ulicy Gagarina, w której pracował Łukasz. U niego było mniej formalnie, mniej prestiżowo, a przez to bardziej dyskretnie i komfortowo.

Podczas przesłuchań przez prokuraturę od razu przekazałem posiadaną na ten temat wiedzę. Zeznając, nie wchodziłem w detale, gdyż po odsłuchaniu wielu rozmów nie miałem stuprocentowej pewności dotyczącej szczegółów. Podałem śledczym tropy, które powinny naprowadzić ich na właściwe tory. Liczyłem na zdobycie przez nich twardych dowodów na zarejestrowane przeze mnie nieprawidłowości. Wydawało się to realne, szczególnie przy ogromnej nagonce medialnej, która wówczas panowała. Na ulicach, w tramwajach czy urzędach nie było innego tematu do rozmów. Kelnerzy wszystkich restauracji wysłuchiwali w tamtym okresie tysięcy żartów na temat ewentualnych mikrofoników w potrawach.

Łukasz przyjął w postępowaniu inną zasadę działania. Najpierw wszystkiemu zaprzeczył, a później nie zamierzał ujawniać szczegółów dotyczących rozmów, które nie zostały jeszcze upublicznione. Może właśnie dlatego w moim pomieszczeniu podczas przesłuchania przez funkcjonariuszy Centralnego Biura Śledczego przebywało kilka osób, a u niego zaledwie dwie? Konsekwencją decyzji Łukasza była jednak konieczność regularnego poszerzania zeznań wraz z pojawianiem się kolejnych nagrań. Mnie to ominęło.

Co jeszcze znajduje się na taśmach? Prawdopodobnie wkrótce się o tym przekonamy. Moja wiedza na ten temat jest szczątkowa. Łukasz nie kwapił się do streszczania mi przebiegu wszystkich zarejestrowanych rozmów. Z informacji, które mam, wiem jednak, że niektóre mogą być wybuchowe, choć znając talent i kreatywność polskich polityków do wyjaśniania własnych słów, przyjęcie korzyści majątkowych obrócą zapewne w działania charytatywne. Bardzo ciekawe również mogą być tłumaczenia posłów koalicji PO–PSL dotyczące wywierania nacisków na zmianę niewygodnych dla rządu osób piastujących ważne stanowiska w prywatnych mediach.

Lista osobistości, których zapisy spotkań nie zostały jeszcze opublikowane, przedstawia się zaś imponująco. Znajduje się na niej biznesmen i były senator Platformy Obywatelskiej Tomasz Misiak spotykający się z byłym szefem BOR Marianem Janickim, a także Rafałem Baniakiem (wówczas wiceministrem skarbu). Zarejestrowana została również rozmowa tego ostatniego z lobbystą Piotrem Wawrzynowiczem. Spotkań Wawrzynowicza, głównie ze Sławomirem Nowakiem, zostało zarejestrowanych aż kilkanaście. Od Łukasza wiem, że poza jednym nie były one wybuchowe dla opinii publicznej. Znacznie ciekawsza może być rozmowa pracodawcy „Wawrzyna", czyli doktora Jana Kulczyka, z prezesem Orlenu

Jackiem Krawcem w towarzystwie lobbysty i jego przyjaciela Nowaka. Podobnie jak rozmowa prezesa Orlenu z ministrem spraw wewnętrznych Bartłomiejem Sienkiewiczem. W kontekście afery podkarpackiej istotne z perspektywy podejrzewanego o korupcję wiceministra infrastruktury Zbigniewa Rynasiewicza może okazać się upublicznienie nagrania z jego spotkania z ministrem skarbu Włodzimierzem Karpińskim. Ważne, ale z innego powodu, mogą być nagrania jednego z przewodniczących rady nadzorczej giganta telekomunikacyjnego. Od Łukasza wiem, że któregoś dnia o tej samej godzinie w dwóch VIP roomach przewodniczący prowadził negocjacje i ważne rozmowy z kontrahentami. Przechodząc z jednej salki do drugiej, zmieniał marynarki, aby nie zostać posądzonym o grę na dwa fronty. Założenie marynarki innego koloru i włożenie bądź pozbycie się krawata dawało możliwość odsunięcia od siebie podejrzeń.

POGADUSZKI BIZNESOWE I KREDYT NA SŁUPY

Na nagraniach uwiecznionych zostało także wielu polskich biznesmenów. Wszyscy mają wspólny mianownik: przekonanie, a właściwie pewność bycia okradanymi przez podwładnych. Jeden z milionerów mieszkających na co dzień poza Warszawą w rozmowie z bankierem spuentował, że ze wszystkich dyrektorów finansowych najbardziej lubił tego, co go okradł „tylko na dwadzieścia baniek", bo był przynajmniej rzetelnym fachowcem. Jego rozmówca, przedstawiciel banku, nie sprawiał wrażenia zaskoczonego, szczególnie że chwilę wcześniej biznesmen znajdujący się wśród stu najbogatszych Polaków zapytał go, kim są *head hunters* i w jaki sposób mogą mu znaleźć pracowników…

Bankierzy, podobnie jak biznesmeni, również lubili zaciszne kąty saloników vipowskich. W dyskretnej atmosferze dogadywali szczegóły działań, aby stać się choć w części tak zamożni jak klienci, których obsługują. Jedno z najbardziej powszechnych rozwiązań, choć w mocno zmodyfikowanej wersji, znalazł zarządzający dużym bankiem. Wraz z członkiem bliskiej rodziny rozmawiali o możliwych planach politycznych, a jednocześnie o wzięciu kredytów na tak zwane słupy. Bankier doskonale znał mechanizmy działania i wiedział, jak je obejść. Przedstawił więc tę wizję zaufanej osobie w zaufanym saloniku vipowskim…

Rozmowy ze swoimi pracownikami prowadził w Amber Room także bankowy potentat na polskim rynku, Leszek Czarnecki. W przedmowie do omówienia strategii opowiedział szczegółowo o niedoszłych interesach z kontrowersyjnym biznesmenem Nathanielem

Rothschildem oraz o transakcji, w której drugą stroną był Muammar Kaddafi.

W zaciszu gabinetów o sprawach kadrowych rozmawiali różni biznesmeni. Był prezes Maciej Nawrocki narzekający na przedstawiciela na rynku rosyjskim oraz prezes Marek Falenta wysłuchujący od asystentki narzekań na kolegów z pracy. Byli wreszcie „gejmerzy" z firm komputerowych, którzy rozmawiali tylko i wyłącznie o bajtach i solucjach.

8. TROCHĘ SPORTU PO DANIU GŁÓWNYM

W ZDROWYM CIELE ZDROWY DUCH, CZYLI BIZNES DOGADUJE SIĘ ZE SPORTEM

Dzięki pracy w prestiżowej restauracji byłem jedną z pierwszych osób, które dowiedziały się o tym, że dotychczasowy szkoleniowiec Legii Warszawa Jan Urban straci pracę. Nie stało się to jednak na skutek działalności podsłuchowej, ale było wynikiem moich obserwacji. Prezes Leśnodorski był ulubieńcem wszystkich warszawskich kelnerów. Wydawał sporo, wiedział, co chce zjeść i co ma ochotę wypić. Uwielbiał różowego szampana i esencjonalne czerwone wina. Lubił tatara z wołowiny oraz z tuńczyka. Zostawiał napiwki, żartował z obsługą, nie był wyniosły. Wraz z grupą swoich biznesowych adoratorów często bywał u mnie.

Pojawił się również w towarzystwie Żewłakowa i Szumielewicza w połowie grudnia 2013 roku w Gabinecie Europejskim. Ubrany nieco bardziej elegancko niż zwykle, wyraźnie na kogoś oczekiwał.

Po kilku minutach zjawili się jego goście. Łysy mężczyzna w towarzystwie człowieka, który wyglądał mi na prawnika, doradcę albo asystenta. Łysy od razu wydał mi się charakterystyczny. Skądś znałem jego twarz. Moje podejrzenia zostały dodatkowo podsycone, ponieważ łatwiej niż zwykle udało mi się namówić „Leśnego" na znakomite wino, Grands Échézeaux z 1996 roku od Alberta Bichota, które było absolutną perełką wśród burgundzkich czerwonych win. Tego dnia do obiadu zaserwowałem trzy butelki tego wina, co podniosło rachunek o przeszło sześć tysięcy.

Rozmowa trwała. W trakcie uzupełniania wina wiele słyszałem o klubie, kibicach i piłkarzach. Prezes sporo mówił, a jego towarzysze potakiwali mu jak zwykle. Przyszły trener Legii mówił zaś o piłce i wymienił kilka nazw klubów, więc z czystej kibicowskiej ciekawości starałem się ustalić, kim on jest. Starałem się też zerkać na pozostawione przez niego na stole dokumenty, ale dotyczyły one wyłącznie kursów trenerskich i nie zawierały żadnych naprowadzających nazw. Informacją o zmianie trenera podzieliłem się z zagorzałymi kibicami Legii Warszawa, których wśród kelnerów nie brakowało. Przekazałem chłopakom lakonicznie: „Zobaczycie, że niedługo Legia będzie miała nowego trenera". Była to informacja o tyle sensacyjna, że nic nie zapowiadało zwolnienia Jana Urbana. Tak czy inaczej, plotka ta lotem błyskawicy dotarła do kibiców klubu przy ulicy Łazienkowskiej. Później zyskałem wśród pozostałych pracowników chwilowy pseudonim „Prorok".

Innym wątkiem związanym z Legią była słynna transakcja zmiany właścicieli. 9 stycznia 2014 roku salony obiegła informacja o zmianie akcjonariatu stołecznego klubu piłkarskiego. Tego dnia nie mówiło się o niczym innym. Nagle Dariusz Mioduski i Bogusław Leśnodorski stali się ulubieńcami wszystkich. Biznesmenom siedzącym w ogólnodostępnej części restauracyjnej gratulowali kibice oraz niekibice. Tego dnia otworzyłem kilka butelek szampana Veuve Clicquot tylko dlatego, że goście widzący nowych nabywców drużyny piłkarskiej chcieli im się przypodobać i posyłali butelki.

Piłkarsko wychowałem się poza stolicą i daleko mi do klimatów Legii Warszawa, ale muszę przyznać, że z dużym uznaniem patrzyłem na klasę nowych akcjonariuszy. Kurtuazyjnie wypijali po kilka łyków musującego trunku wraz ze sponsorami i grzecznie prosili, aby oddać butelkę osobom, które ją zamówiły, aby wypiły zdrowie Legii.

Wieczorem miała się odbyć kuluarowa feta nowego zarządu i rady nadzorczej. Miała się odbyć u mnie, a odbyła się u Łukasza. To tam nowy prezes zaprosił współbiesiadników. Łukasz nie opowiadał mi o szczegółach spotkania. Wiem tylko, że rachunek był zacny.

DOKTOR JAN I MINISTER BIERNAT

Najbardziej doniosłym przedsięwzięciem biznesowo-sportowym było zapewne zaangażowanie Jana Kulczyka w finansowanie polskiej reprezentacji olimpijskiej. Spółki Kulczyk Investments i Kulczyk Holding ufundowały znaczne podwyższenie nagród dla zdobywców złotych, srebrnych i brązowych medali. Gest piękny i chwalebny, ale mający drugie dno. Celem było ocieplenie wizerunku Jana Kulczyka i uczynienie zeń filantropa.

Historie z przeszłości biznesmena sprawiały, że w kraju ciągle nie miał najlepszej opinii. Doskonale wypunktował go Jan Krzysztof Bielecki, który podczas osobistej rozmowy w Pałacu Sobańskich dał miliarderowi jasno do zrozumienia, że na lokalnym podwórku nie jest najważniejszym, a nawet liczącym się graczem. Były premier wymienił Zygmunta Solorza-Żaka, Leszka Czarneckiego czy Michała Sołowowa jako przykłady lokalnych liderów. Po złych wizerunkowo transakcjach sprzedaży udziałów Telekomunikacji Polskiej czy Orlenu z Ałganowem w tle, miliarder zamierzał powrócić w wielkim stylu. Kwestie energetyczne oraz planowane przejęcie spółki CIECH SA z pewnością by mu na to pozwoliły. Rozpoczął systematyczną poprawę wizerunku. Rzucił dotacje na olimpijczyków i na Muzeum Żydów Polskich Polin. A w TVN brylowała jego córka w autorskim programie. W jednej z rozmów z Piotrem Wawrzynowiczem doktor Jan analizował wyniki oglądalności i zastanawiał się, jak można je podnieść, aby więcej ludzi zobaczyło program *Efekt domina*, w którym Dominika Kulczyk pomaga najuboższym. W biznesie, szczególnie tym największym, nie ma miejsca na przypadek.

Późna kolacja z ministrem sportu i turystyki Andrzejem Biernatem pod koniec maja 2014 roku również nie była przypadkowa. Kulczyk po raz kolejny wcielił się w rolę mentora polskich ministrów. Proponował rozwiązania w systemie finansowania, wytykał błędy i nieprawidłowości, które zauważył. Kilka butelek wina Château Haut-Brion z rocznika 1995, na które miliarder wydał kilkanaście tysięcy złotych, stworzyło odpowiednią atmosferę do rozmowy.

9. W OCZEKIWANIU NA DESER

DLACZEGO NIKT NIE NAGRAŁ PIS-u?

Wybuch afery taśmowej i niewyjaśnione w mediach okoliczności nagrywania rozmów najważniejszych polityków w Polsce wywołały lawinę spekulacji. Politycy i dziennikarze spekulowali, że za podsłuchami stoją partia Prawo i Sprawiedliwość albo Grzegorz Schetyna. Premier sugerował scenariusz pisany obcym alfabetem, który w dużej mierze podjęły zagraniczne media. Wszystkie te domysły potęgował fakt pewnej tendencyjności nagrań – jak gdyby miały być wymierzone jedynie w określoną formację. Brak nagrań posłów z ugrupowania prezesa Jarosława Kaczyńskiego był głównym argumentem dla wielu obserwatorów.

Jednym z najzagorzalszych zwolenników teorii o udziale tej formacji w aferze taśmowej był Roman Giertych. W lipcu 2015 roku mówił: „[…] obecny pełzający zamach stanu dokonywany jest nie tylko przez byłych działaczy CBA wspartych przez czołowych polityków i dziennikarzy powiązanych z PiS, ale również przez centralne władze prokuratury. Tak więc część służb specjalnych (jeszcze do zeszłego roku na wysokich stanowiskach w CBA) mianowanych przez PiS oraz część prokuratury (kierowanej przez Andrzeja Seremeta, mianowanego przez Kaczyńskiego) dokonują świadomego pełzającego zamachu stanu poprzez nagrywanie polityków i publikowanie ich rozmów poprzez blisko z PiS związanych dziennikarzy [...]".

Rozwiązanie zagadki braku obecności posłów Prawa i Sprawiedliwości jest dużo prostsze, niż się może wydawać. Posłowie tej partii po prostu nie pojawiali się w restauracjach. W kuluarach mówiło się, że jednym z zaleceń prezesa Kaczyńskiego było niekorzystanie z drogich restauracji oraz hoteli. Dzięki temu uniknąć można kłucia w oczy żelaznego elektoratu, który mógłby nie wybaczyć pławienia się w luksusach. Zdjęcia wykonane przez paparazzich mogłyby nadszarpnąć zaufanie wyborców do partii, której główny argument stanowił bycie bliżej ludzi. Kaczyński dbał o wizerunek partii i utrzymanie przyjętych standardów. Od każdej reguły są oczywiście wyjątki i takie również były w PiS-ie. Dotyczyły one jednak kupowania drogich płaszczów, samochodów czy mieszkań, a nie bywania w horrendalnie drogich restauracjach.

DLACZEGO PO-PSL-SLD?

Platforma Obywatelska wraz z Polskim Stronnictwem Ludowym tworzyły koalicję rządzącą przez osiem lat. To do nich należało podejmowanie kluczowych decyzji dotyczących państwa polskiego. To oni ustalali strategie działań, budżety, programy rozwojowe. To oni decydowali o obsadzie stanowisk, prywatyzacjach czy przyznawaniu koncesji. I to z nimi chcieli się spotykać lobbyści i biznesmeni. Celem lobbingu jest zapewnienie skuteczności określonej grupie interesów. Oczywiste jest więc tutaj zwrócenie się w kierunku obozu rządzącego, niezależnie od własnych preferencji politycznych. Znaczna część stanowisk przez kilka lat pozostawała w tych samych rękach. Powodowało to przyjęcie pewnych wzorców i schematów. Ludzie, którzy spotykali się często ze sobą, nawiązywali kontakty towarzyskie i nabierali do siebie zaufania. Chętniej niż oficjalnie, w gabinecie ministra albo dyrektora, spotykali się w zaciszu pokoju na zapleczu restauracji. Przez kilka lat współpracy zdążyli uśpić wewnętrzną czujność. Potwierdzenie tego znajduje się w aktach śledztwa zebranych przez Centralne Biuro Śledcze Policji w porozumieniu z nagranymi osobami. Zebrane dane pokazują, że niektórzy politycy w ciągu niespełna dziesięciu miesięcy odbyli w restauracjach kilkadziesiąt spotkań.

Domeną Klubu Polskiej Rady Biznesu były spotkania bardziej formalne, wymagające większego prestiżu. Atmosfera miejsca obligowała uczestników do zachowania i przestrzegania pewnych standardów.

W restauracji Sowa & Przyjaciele było inaczej. Łukasz dbał, by goście czuli się bezpiecznie i komfortowo. Tam pozwalali sobie na więcej. Sekcja VIP należała wyłącznie do niego. On był gwiazdą. On błyszczał. Właściciel i szef kuchni Robert Sowa był zaś ledwie dodatkiem, któremu Łukasz czasem pozwalał zrobić wrażenie na swoich gościach. Nazwisko Roberta Sowy nie było specjalnie znane przez bywalców salek vipowskich. Dzięki swojej otwartości Łukasz wszedł w bliższe relacje z politykami i biznesmenami. Wiedział, jak ich podejść. Znał ich zachowania i praktyki. A późniejsze odsłuchiwanie zarejestrowanych rozmów mu w tym pomagało. Mógł dowiedzieć się o nich jeszcze więcej.

GDZIE SIĘ SCHOWAŁ „SCHET"?

Nieco inaczej wygląda kwestia Grzegorza Schetyny. O jego wizytach w restauracji Roberta Sowy nie słyszałem. Bywał on natomiast kilkukrotnie w Amber Room, jednak jego obecność zazwyczaj wiązała się większym towarzystwem, często kilkunastoosobowym. Z Łukaszem uznawaliśmy takie spotkania za nieistotne. Logiczny dla nas był fakt, że o sprawach delikatnych nie rozmawia się w szerokim gronie, przy dużej liczbie świadków. Ignorowałem więc tego typu sytuacje. Jedyne kameralne spotkanie obecnego przewodniczącego Platformy Obywatelskiej odbyło się z prezydent Warszawy Hanną Gronkiewicz-Waltz oraz prezes Krajowego Depozytu Papierów Wartościowych Iwoną Sroką. To, co wiem, to fakt, że każdy z uczestników pił szampana Krug Grande Cuvee po sto dziewięćdziesiąt złotych za kieliszek, gdyż taki był warunek korzystania z saloniku vipowskiego Krug, w którym odbywało się owo spotkanie. Nie udało mi się zarejestrować tej rozmowy, gdyż jej uczestnicy pojawili się niespodziewanie, a podkładanie w tym gabinecie pendrive'a podsłuchującego w trakcie spotkania było zbyt ryzykowne.

POLITYCY SLD I SEKRETNE DRZWI DO BIURA ALEKSANDRA KWAŚNIEWSKIEGO

Na nagraniach odnaleźć można także polityków związanych ze środowiskami lewicowymi. Jednakowoż częstotliwość ich spotkań była niewielka. Leszek Miller oraz Aleksander Kwaśniewski w Amber Room pojawiali się jedynie na zaproszenie Jana Kulczyka. Pierwszy z nich darzył biznesmena dużą sympatią, drugi dla niego pracował. Obecność Ryszarda Kalisza w lokalach gastronomicznych nie powinna zaś nikogo dziwić...

Swoistym smaczkiem związanym z byłym prezydentem jest lokalizacja biura jego fundacji. Znajduje się ono na samym końcu alei Przyjaciół. Dzięki temu sprawia wrażenie miejsca spokojnego, a zarazem odsuniętego od wścibskich oczu, pomimo bezpośredniej bliskości najważniejszych ministerstw i kancelarii. Budynek fundacji graniczy z Pałacem Sobańskich, oddzielony jedynie wysokim ceglanym murem. W murze znajdują się drzwi, które prowadzą z jednej strony do budynku restauracji, z drugiej zaś na taras biura fundacji. Z opowieści kelnerów pracujących w Klubie Polskiej Rady Biznesu od kilkunastu lat wiem, że przejście to było wielokrotnie wykorzystywane w przeszłości. Dzięki niemu możliwe było przechodzenie niemal w pantoflach z biura do któregoś z saloników vipowskich. Ja jednak niczego takiego nie zaobserwowałem. Może dlatego, że prezydent coraz rzadziej pojawiał się we własnej fundacji, a może dlatego, że nie byłem wystarczająco uważny?

10. DESER

ALFABET OŚMIORNICZKI, CZYLI CO JEDLI, JAKIE NAPIWKI ZOSTAWIALI I CO ROBILI, KIEDY NIKT NIE PATRZYŁ

Biznesmeni i politycy bywali w restauracji Sowa & Przyjaciele oraz Pałacyku Sobańskich nie ze względu na prestiż, ale z powodu profesjonalizmu. Smaczne jedzenie to za mało. Uważne wysłuchanie nagrań udowadnia wysoki stopień podążania zamawiających za sugestiami kelnerów w kwestii jedzenia i wina. Obsługujący znał gości i pamiętał ich preferencje. Wiedział, co zaproponować i w jakim pułapie cenowym. Dzięki temu klienci nie tracili czasu i energii na udzielanie odpowiedzi o wodę gazowaną lub niegazowaną. Nie tracili też czasu na mówienie o alergiach pokarmowych i innych obostrzeniach.

Łukasz był prawdziwym profesjonalistą. Wiedział dokładnie, kto czego nie lubi i na co jest uczulony. Stworzył sobie nawet listę tych preferencji. Z czasem z niej zrezygnował i skasował ją z racji zbytniej poufności tych informacji. Gdyby taka lista jednak istniała, to z pewnością nie znalazłyby się na niej słynne ośmiorniczki. Danie, które urosło do rangi symbolu całej afery taśmowej, nie było wcale hitem wśród zamawiających. Stało się jednak inspiracją dla wielu szefów kuchni i blogerów. Jak pokazują statystyki Google Trends, zainteresowanie tym hasłem po wybuchu informacji o podsłuchach zwiększyło się kilkukrotnie. Z pewnością było bardziej skuteczne niż niejedna kampania społeczna namawiająca do jedzenia ryb i owoców morza.

KIELICH GORYCZY DONALDA TUSKA

Zażyłość Łukasza z byłym ministrem Nowakiem była nieprzypadkowa. „Sławek" miał być wytrychem do premiera Donalda Tuska. Premier jednak omijał wizyty w restauracjach i miejscach, w których może zostać zauważony. Przez rok widziałem go tylko raz w Pałacu Sobańskich. Był zaledwie przez krótką chwilę i w większym gronie. Od jednego z kelnerów dowiedziałem się, że będąc w restauracji kilkanaście miesięcy wcześniej, miał żartować z nazwy miejsca: „Amber? Nie boicie się, że to się źle kojarzy? Tak jak to Amber Gold?". Po czym zaśmiał się z własnego dowcipu. Kilka tygodni później wybuchła afera piramidy finansowej. Premiera cechowała jednak duża roztropność i przewidywalność. Dzięki wyczuciu sytuacji i ewentualnego zagrożenia doskonale wiedział, komu jakie zadanie przydzielić i gdzie kogo wysłać. Był zabezpieczony na wielu frontach. To zdało egzamin przy okazji podsłuchanych rozmów. Według mojej wiedzy nie ma żadnych nagrań Tuska z Klubu Polskiej Rady Biznesu czy restauracji Sowa & Przyjaciele. Czy są nagrania z willi zamieszkiwanej przez premiera przy ulicy Parkowej? Czy rozmawiał na nich z Janem Kulczykiem? To temat na zupełnie inną książkę. Książkę napisaną już nie przeze mnie.

„Nie przyszła góra do Mahometa, to Mahomet przyszedł do góry". Tę zasadę zastosowaliśmy w przypadku Donalda Tuska. Bardzo ciężko było go sprowadzić do restauracji, więc postanowiliśmy uczynić wszystko, aby dotrzeć do niego w inny sposób. Dzięki dostępowi do ogromnej liczby produktów, w szczególności win, mogliśmy je sprzedawać zainteresowanym z dużym profitem. W tej materii byliśmy z Łukaszem świetnie dopasowani biznesowo. Ja byłem specjalistą od zakupów, a on miał ogromny talent sprzedażowy. Ja znałem doskonale ceny, wiedziałem, w jaki sposób kupimy dany produkt najtaniej, i załatwiałem kwestie formalne. On wiedział, komu i z jakim narzutem można to sprzedać.

Wino okazało się drogą do premiera. Wina zamawiali u nas zarówno politycy, jak i biznesmeni. Wśród nich ministrowie. Jednym z nich był Sławomir Nowak. To on zamówił butelkę Château Leoville Barton z 1985 roku, która miała nam otworzyć drogę do przewodniczącego Platformy Obywatelskiej.

Akurat jedliśmy z Łukaszem obiad w restauracji znajdującej się przy Teatrze Buffo, kiedy były minister transportu zadzwonił i poprosił pilnie o zorganizowanie jakiegoś wina na prezent urodzinowy dla premiera. Odpowiedzieliśmy, że zrobimy to z wielką przyjemnością. Trudność polegała na tym, że wino trzeba było dostarczyć do rezydencji na ulicę Parkową w ciągu dwudziestu minut. Nie było to jednak niewykonalne. Szybko załatwiłem butelkę i wraz ze stylizowaną skrzynką drewnianą przekazałem Łukaszowi. On w pośpiechu zawiózł ją i przekazał Nowakowi.

Prezent tak bardzo spodobał się solenizantowi, że… postanowił otworzyć to wino w pierwszej kolejności. Była to o tyle niefortunna decyzja, że wino niemal trzydziestoletnie powinno chwilę odpocząć przed podaniem. Okazało się to jednak nieistotne, gdyż tuż po wzniesieniu toastu i pełnej napięcia chwili… smak rozczarował wszystkich. Wino dotknięte było wadą korka.

Takie sytuacje zdarzają się niezwykle rzadko i dotyczą około trzech procent wszystkich trunków zamykanych naturalnym korkiem. Najgorsze jest jednak to, że jedyną możliwością sprawdzenia, czy wino nie ma owej wady, jest jego otwarcie i spróbowanie.

Po kilkunastu minutach od dostarczenia butelki Łukasz otrzymał SMS o treści: „korkowe:/". Zawód musiał być duży, skoro zamiast celebrowania urodzin wodza Platformy Obywatelskiej minister Nowak zdawał relację SMS-ową z owego incydentu. Poświęcił na to kilkanaście wiadomości.

Działo się to wiosną 2014 roku. Wszystko szło zgodnie z planem obozu rządzącego, a Platforma Obywatelska w sondażach zdecydowanie górowała nad pozostałymi partiami. Premier miał więc powody do radości, pomimo wina zaprawionego „octem".

PRZEDPREMIEROWE NAGRANIA WICEPREMIER BIEŃKOWSKIEJ W „FAKCIE"

Zwolenniczką nieco mniej wyrafinowanych trunków i dań była wicepremier Bieńkowska. W jej gust wpisywały się delikatne i świeże białe wina spoza Europy oraz ryby wszelkich gatunków. Ponadto miała do Łukasza zaufanie w kwestiach gastronomicznych. Jej asystentka była w ścisłym kontakcie z nim. Wicepremier go lubiła. Był dowcipny i konkretny, a do tego nieprzerwanie prawił komplementy. Łukasz często śmiał się, że swata go z jedną ze swoich współpracownic. Wicepremier często bywała w restauracji Sowa & Przyjaciele. Tam też zorganizowała swoje urodziny.

Zostały one przygotowane naprędce i w tajemnicy przed dziennikarzami czyhającymi na takie okazje. Śledzący ją paparazzi i tak jednak wytropili vipowską salkę restauracji. To z jej urodzin pochodzą zdjęcia z „Faktu" zarówno polityków, jak i Łukasza wychodzących z lokalu. Ten *event* dostarczył także pierwsze upublicznione nagrania dźwiękowe. Słychać na nich wyśpiewywane przez Bieńkowską, Nowaka albo Grasia: „Tańcz, głupia, tańcz" czy: „Kocham cię jak Irlandię".

MATEMATYKA WEDŁUG PSL

Najmniej wymagającymi i najbardziej przewidywalnymi gośćmi restauracyjnymi byli politycy Polskiego Stronnictwa Ludowego. Zgodnie z filozofią i korzeniami partii lubowali się oni w tradycyjnych staropolskich daniach i trunkach. Na ich stołach królowały tatary, dziczyzna i oczywiście zmrożona wódka. Łatwo im było sprzedać jakiekolwiek danie, odwołując się do historii, nawet jeżeli opowieść była zmyślona. Za przykład niech posłuży carpaccio z homara z rzekomymi powiązaniami do… przebiegającego przez Polskę w przeszłości Bursztynowego Szlaku. W końcu tradycja rzecz święta, a najstarsza polska partia odwoływała się do tradycji. Politykom partii ludowej zawsze towarzyszył pewien rodzaj beztroski czy też, nazywając to inaczej, zdystansowanego podejścia. W przeciwieństwie do polityków Platformy Obywatelskiej czy Sojuszu Lewicy Demokratycznej, nigdy nie jedli w pośpiechu. Nigdzie się nie spieszyli i korzystali z uroków posiłku, szczególnie kiedy nie płacili za niego własnymi pieniędzmi.

Owa beztroska objawiała się także w kwestii rachunków. Nie mogłem wyjść z podziwu, kiedy Łukasz, doskonale o tym wiedząc, naciągnął ich na pięćset złotych dodatkowej opłaty. Sytuacja rozgrywała się w czwartkowy wieczór przy Gagarina. Uczestnikami spotkania było trzech polityków Polskiego Stronnictwa Ludowego oraz dwóch sympatyków tego ugrupowania. W dodatku dwie z pięciu osób były związane z ekonomią i finansami. Końcowy rachunek wyniósł około tysiąca dziewięciuset złotych, więc osoba decyzyjna zarządziła zrzutkę. Jednocześnie poprosiła Łukasza o wyrównanie rachunku do dwóch tysięcy tytułem napiwku dla niego i przyjęcie płatności indywidualnie od każdego z gości. Kelner wywiązał się z tego zadania nad wyraz skrupulatnie. Podchodząc do każdej osoby rozpoczynał: „Po podziale na pięć osób wychodzi pięćset złotych na głowę. Płatność kartą czy gotówką?". W ten sposób powiększył swój napiwek ze stu do sześciuset złotych. Uczestnicy spotkania najwyraźniej nie umieli liczyć, bo później jeszcze wielokrotnie odwiedzali słynne salki vipowskie.

DUŻYCH CHŁOPCÓW ZABAWY POCIĄGAMI

Nie ze wszystkimi jednak szło tak łatwo, jak z działaczami Polskiego Stronnictwa Ludowego. Przykładem osoby nader ostrożnej był Jakub Karnowski. Były prezes PKP często odwiedzał restaurację przy Gagarina. Bywał tam głównie na zaproszenie Sławomira Nowaka, jednak w pewnym momencie zaprzestał. Stało się tak, gdy obsługujący go Łukasz zagalopował się w nabijaniu rachunku i doliczaniu serwisu. Wówczas nieświadomy nagrywania rozmowy Karnowski przyznał swoim gościom, że kelner ich oszukał. Taktownie odpuścił sytuację i zdecydował się przemilczeć sprawę. W restauracji długo się jednak nie pojawił.

Na nagraniu Łukasz usłyszał sporo niecenzuralnych słów na swój temat i już następnego dnia próbował załagodzić sytuację. Chciał wykorzystać do tego celu dobre kontakty ze Sławomirem Nowakiem, który był także uczestnikiem feralnego spotkania. Sytuacja była na tyle patowa, że nie mógł zdradzić, skąd wie o słowach Karnowskiego, a Nowak udawał, że nie wie, o co chodzi.

Prezes PKP był z natury podejrzliwy. Nie spoufalał się z obsługą, nie pił dużo alkoholu, a ze spotkań wychodził zazwyczaj pierwszy. Z moich obserwacji wynika, że Karnowski komunikował się niewerbalnie za pomocą szyfru z towarzyszącymi mu osobami, asystentami lub członkiem zarządu Piotrem Ciżkowiczem. Uzupełniając kieliszki winem, przyglądałem się uczestnikom rozmów i analizowałem ich gesty. Po kilku spotkaniach wiedziałem już, że w języku ciała prezesa Karnowskiego ukryty przekaz niesie za sobą zdjęcie zegarka czy podrapanie się po brwi. Każda z tych czynności prowokowała konkretne działania. Bankowcy stojący na czele grupy PKP z pewnością w ten sposób nieraz dopięli swego podczas prowadzonych w restauracjach negocjacji.

Przebiegłość prezesa zarządzającego kolejami państwowymi objawiała się także w innych okolicznościach. Opowiadał o tym w otwartej przestrzeni, głośno, siedząc niedaleko kominka i popijając koniak. Wspominał wówczas, jak to podczas wyjazdu służbowego udawał pewnego razu pijanego, aby zobaczyć, który ze współpracowników będzie próbował go upokorzyć, nagrać lub w jakikolwiek inny sposób zdeprecjonować. Gdy zdrajca połknął haczyk i rozpoczął rejestrację wideo, konsekwencje okazały się dla niego smutne.

Te rozgrywki z bliska nie sprawiają wrażenia wielkiej polityki. Ot, zabawy dorosłych chłopców. Trudno się potem dziwić słowom byłego ministra transportu Sławomira Nowaka w przytaczanej już rozmowie z Dariuszem Zawadką i Andrzejem Parafianowiczem (który tu się nie wypowiada).

Sławomir Nowak: W PKP trzydzieści baniek to nie jest wielki pieniądz. Oczywiście, to jest bardzo duży pieniądz. Ale mówię, jakie oni mieli podejście zawsze w PKP. Tam od stu się rozmowa zaczynała.

Dariusz Zawadka: Za trzydzieści to bezpieczeństwo informacji zrobili. Coś, co było warte może z osiemdziesiąt tysięcy…

Sławomir Nowak: Ha, ha, dwadzieścia baniek, kurwa.

Dariusz Zawadka: Jak ja to zobaczyłem, to, kurwa, po prostu mówię: co to jest?

Sławomir Nowak: Bezpieczeństwo informacji i certyfikaty ISO. Wdrożenie norm jakości. Dwadzieścia baniek wzięli za to od PKP. A spółka nawet z grupy PKP, która ma te same uprawnienia i tak dalej. PKP Informatyka chciało to zrobić za pięćset tysięcy złotych. Tamci dwadzieścia coś milionów, a ci pięćset tysięcy. No i wzięli tą za dwadzieścia baniek.

11. SKRYPT DLA KELNERÓW, CZYLI TYPOLOGIA WAŻNYCH KLIENTÓW ODWIEDZAJĄCYCH RESTAURACJE

DOKTOR JAN

Jan Kulczyk niewątpliwie posiadał klasę w kwestii gastronomii. Zawsze wiedział, na co ma ochotę, był konkretny i zdecydowany. I przejawiał umiarkowanie w jedzeniu i piciu. Nigdy nie zauważyłem, aby sprawiał wrażenie nietrzeźwego. Pił zazwyczaj czerwone wina. Wyjątkami były sytuacje, w których rozmówca nalegał, by konsumować inny trunek. Takowe zdarzały się jednak niezmiernie rzadko. Lubował się w winach z Bordeaux. Jego ulubionym rocznikiem był 1995. Miał do niego słabość, choć również dawał się namówić na wina z roczników sąsiadujących. Jego standardem była butelka nie droższa niż trzy i pół tysiąca złotych. Płacił tyle za wina, którymi podejmował ważnych gości, jak i za te, z których wypijał jedynie kieliszek, a resztę zostawiał. Specjalnie dla niego sprowadziłem kilka pozycji, w tym legendarne Château Margaux, Château Palmer czy Château L'Évangile, oczywiście wszystkie z odpowiedniego rocznika.

Konsekwencja w wyborze wina robiła na mnie nie mniejsze wrażenie niż konsekwencja kulinarna. Jan Kulczyk często jadał królewską rybę – solę dover, którą kucharze Pałacu Sobańskich przyrządzali w sposób znakomity. Do tego zazwyczaj spożywał dodatki w formie delikatnych sałatek. Zdarzały się również dania mięsne, ale miliarder unikał potraw ciężkostrawnych. Nigdy natomiast nie widziałem go spożywającego deser. Jego deserem było właśnie wino.

Deserem dla obsługujących go kelnerów były zaś sowite napiwki. Rachunki doktora Jana często przekraczały kilkanaście tysięcy złotych, w związku z czym umowne dziesięć procent napiwku stanowiło kwotę dość wysoką. Aby jednak nie zostawiać kilkunastu banknotów o nominale stu złotych, biznesmen zostawiał pojedyncze banknoty w innej walucie. Często były to fioletowe banknoty o wartości pięciuset euro.

MINISTER SIKORSKI

Minister spraw zagranicznych Radosław Sikorski w restauracji Sowa & Przyjaciele nie był chyba nigdy. Bywał natomiast w Pałacyku Sobańskich. Po kilku spotkaniach, na które został zaproszony, uległ czarowi saloników vipowskich i sam zapraszał do nich rozmówców. Niezależnie od tego, czy zapraszał, czy też był zapraszany, nie lubił regulować rachunków z własnej inicjatywy. Od momentu opublikowania przez „Wprost" artykułu *Radek, kto płaci?* w świecie polityki przylgnęła do niego ta ksywka. Mówili tak o nim również jego bliscy koledzy partyjni. Przezwisko powstało od pytania, które zadawał były minister swoim towarzyszom w momencie podawania rachunku. Nie wiem, czy za kolacje płacił prywatnymi pieniędzmi, czy też Ministerstwa Spraw Zagranicznych. Podawałem mu wino, nie rachunki.

Znałem natomiast kulinarne preferencje byłego ministra. Były one dość rozległe, jednak oscylowały wokół klasyki. Jeżeli polędwica wołowa, to półkrwista z czerwonym winem z Bordeaux. W przypadku halibuta lub dorsza – białe, oleiste burgundzkie wino. Od obsługujących go kelnerów wiem, że zazwyczaj nie zostawiał obsłudze napiwków.

RESTAURACYJNY CELEBRYTA, CZYLI SŁAWOMIR NOWAK

Były minister transportu wiedział, jak zrobić wrażenie na gościach, z którymi spożywał lunch albo kolację. Jak przystało na zawodowego modela, którym kiedyś przecież był, miał triki na każdą okazję. Jednym z najbardziej spektakularnych było otwieranie butelki szampana kieliszkiem. Sztuczka ta nie jest specjalnie trudna, wymaga jedynie odpowiedniego trafienia podstawą kieliszka w miejsce klejenia butelki na szyjce. Wysiłek zostaje wynagrodzony zachwytem oglądających. Taki efekt często osiągał Sławomir Nowak.

W kuluarach spekulowano, że jest on pupilem szykowanym na następcę Donalda Tuska. Nie szkodziły mu kolejne klęski czy medialne ataki. Nawet afera hazardowa czy zegarkowa nie wyłączyły go zupełnie z polityki, a jedynie przeniosły na mniej eksponowane stanowiska. Cień jednak nie był miejscem dla przystojnego ministra. Nie do końca dobrze się czuł, nie mając takiego splendoru jak dotychczas. Z pewnością nie mógł jednak narzekać na brak ofert. Pracę proponował mu między innymi Jan Kulczyk. Jakubowi Karnowskiemu z PKP opowiadał zaś o innej otrzymanej propozycji. Było to kierowanie i koordynowanie działań jednej ze spółek w Azerbejdżanie. Propozycje te mimo wysokiej dochodowości nie miały odpowiedniego prestiżu, bo przenosiły Nowaka na boczne tory.

Zanim jednak gwiazda ministra zaczęła blednąć, korzystał z uroków bycia przy władzy. Bardzo często widywałem go w restauracji Amber Room. Wiem, że jeszcze częściej odwiedzał Sowę i Przyjaciół. Bywał także w Ole na placu Trzech Krzyży, w którym pracowaliśmy wspólnie z Łukaszem. W restauracjach spotykał się w różnym towarzystwie. Przy Alejach Ujazdowskich rozmawiał z prezesem PKP, a przy Gagarina z Wawrzynowiczem i Rosołem. W Klubie Polskiej Rady Biznesu był bardziej oficjalny, a u Sowy czuł się swobodniej. Jedno jednak się nie zmieniało. Aż do momentu nagłośnienia sprawy przez „Wprost" bardzo często pojawiał się w towarzystwie Adama Michalewicza z Cam Media. To towarzystwo odradzało mu wielu znajomych, w tym prezes PKN Orlen Jacek Krawiec, który odniósł się do tego nawet w jednej z nagranych rozmów.

> **Jacek Krawiec:** Za dużo było tego lansiarstwa, to jednak kłuje w oczy. [...] Jak szczerze rozmawiamy, to, wiesz, to towarzystwo, z którym on się prowadzał po mieście... kurwa. Kiedyś dzwoni do mnie: „Co robisz?". Ja kończę spotkania, dziesiąta wieczorem. „To wpadaj do nas, w Charlotcie". Co to, kurwa, jest Charlotte'a? Pytam kogoś potem i się okazuje, że to taki klub hipsterski dla siedemnasto-, osiemnastolatków na placu Zbawiciela. Pytam go: „A z kim ty tam jesteś?". „A z Wawrzynem [Piotrem Wawrzynowiczem - przyp. aut.], Siwym [tak nazywał właśnie Michalewicza - przyp. aut.] i trenerem z siłowni". Ja pierdolę! Co to za, kurwa, towarzystwo? I on się prowadzał, wiesz, po takich klubach.

Sytuacja była o tyle specyficzna, że owa spółka w latach 2008–2013 wygrała rządowe przetargi na przeszło pięćdziesiąt milionów złotych. Specyficzny był także fakt, iż to Cam Media odpowiadała za kampanię Platformy Obywatelskiej „Polska w budowie" z 2011 roku, a następnie wygrała przetargi na projekty związane z Euro 2012 i promocją polskiej prezydencji w Unii Europejskiej. Niejasnymi powiązaniami zajęło się nawet Centralne Biuro Antykorupcyjne, które w listopadzie 2013 roku przeszukało siedziby Cam Media, a wcześniej rozpoczęło analizę jej współpracy ze spółkami Skarbu Państwa, takimi jak PKP, Poczta Polska, Totalizator Sportowy i Polska Grupa Energetyczna. O wątku związanym z brakiem przejrzystości dotyczącym działań Cam Media i jej udziału w jednej z największych afer korupcyjnych w Polsce napomknął również szef Centralnego Biura Antykorupcyjnego Paweł Wojtunik w rozmowie z wicepremier Elżbietą Bieńkowską. Jego wypowiedź zakończyła się jednak na zdawkowym zdaniu o pewnych niejasnościach. Wątku tego później nie kontynuował.

JEDYNY PRAWDZIWY OKSFORDCZYK

Długotrwałe przebywanie z ludźmi z tak zwanego firmamentu sprzyja obserwowaniu i analizowaniu ich zachowań. Wśród odwiedzających wyróżnić można było kilka grup. Pierwszą byli ludzie zupełnie pozbawieni manier, brudzący wszystko dookoła siebie, łącznie ze swoimi ubraniami. Czuli się beztrosko, ponieważ nie rozumieli świata zasad savoir-vivre'u. W opozycji do nich pozostawali gastronomiczni hipsterzy, którzy zasady te znali doskonale, jednak na siłę pokazywali ich lekceważenie. Byli jednak też tacy, których obsługa była prawdziwą przyjemnością. Dostrzegali bowiem każdy detal kunsztu włożonego w przygotowanie potrawy bądź serwis wina.

Taką osobą był bez wątpienia Marek Dochnal, a właściwie Sir Marek Dochnal, bowiem na taki pseudonim z pewnością zasłużył w kwestii obycia w świecie nie tylko restauracyjnym. Najsłynniejszy polski lobbysta, założyciel firmy Larchmont Capital zajmującej się doradztwem dla zagranicznych instytucji zainteresowanych inwestycjami w Polsce, był w Klubie Polskiej Rady Biznesu zaledwie raz. Spotkał się wówczas z grupą doradców i zaufanych współpracowników. Było to coś na kształt narady. Moje zdumienie wzbudził fakt, że z rzadko spotykaną klasą potrafił również rozmawiać o niekoniecznie czystych kwestiach biznesowych. Cierpliwie wysłuchiwał kolejnych sprawozdań i związanych z nimi wniosków. Te dotyczyły głównie przetargów państwowych. Dochnal rozważał argumenty i możliwości odniesienia sukcesu za pomocą różnych rozwiązań. Jednocześnie delektował się z wyraźną satysfakcją półkrwistą polędwicą wołową w asyście wina Château La Conseillante z 1993 roku…

Z perspektywy czasu myślę, że to właśnie Marek Dochnal, były mistrz świata w grze w polo na śniegu, a nie Radosław Sikorski czy Jacek Antony Vincent-Rostowski, zasłużył na miano prawdziwego oksfordczyka z klasą. Marszałek i szef resortu spraw zagranicznych chwalił się, że „znał Margaret Thatcher". Marek Dochnal pijał herbatę z królową Elżbietą II i pełnił honory gospodarza najważniejszego turnieju polo w Europie. Według plotek w Pałacu Buckingham był więcej razy niż wszyscy polscy politycy razem wzięci.

SPECYFICZNE ŻYCZENIA

Pracując w restauracjach, trudno było nie zauważyć dziwnych zamówień. Czasem wiązały się one z brakiem wiedzy i smaku, a często były wynikiem chęci popisania się przed innymi. Z niewiedzy brało się przede wszystkim przekręcanie nazw i mylenie potraw. Do klasyki już przeszło włoskie wino „Pinot Dżordżjo" (zamiast „gridżio") czy wariacje wymowy na temat „foie gras" (poprawnie: „fła gra"). Ponadto dość powszechne było zamawianie frytek do wszystkiego lub też proszenie obsługi o domowe przyprawy, wśród których prym wiódł ketchup.

Bywały jednak także ciekawe połączenia. Przykładem takiego było zamówienie złożone przez rosyjskiego przedsiębiorcę Olega Tinkowa. Do legendarnego wina Grands Échézeaux od Romanée-Conti z 1996 roku za kilkanaście tysięcy złotych poprosił o... kaszankę.

Innym typem zamówień były te, które miały potwierdzić wiedzę i obycie. Zwykle zaczynały się od: „Ostatnio w Nowym Jorku jadłem..." lub: „Cały Mediolan szaleje za...", a kończyły się na: „Naprawdę polecam, musicie spróbować". Oczywiście kwestie wypowiadane były na cały głos, aby wszyscy mogli je usłyszeć. Im dania były bardziej abstrakcyjne, tym lepiej. Może w ten sposób ujawniało się bycie hipsterem wśród polityków i biznesmenów? Najciekawszym tego typu zamówieniem była polędwica wołowa w stylu *black & blue* (czarny i niebieski). Znaczyło to mniej więcej tyle, co zwęglona z zewnątrz, a surowa, jeszcze zimna, w środku.

Jeden z najbardziej ekscentrycznych przykładów to liczący się biznesmen, który plasował się wśród dwudziestu najbogatszych Polaków.

O jego sposobach motywowania i demotywowania pracowników krążyły legendy. Wiele było wśród nich zwykłych mitów, ale równie dużo prawdziwych historii, które potwierdzali sami uczestnicy lub... mówili o nich na nagranych rozmowach.

Najlepiej zapamiętałem sytuację, w której ów biznesmen zamierzał spotkać się z kluczowymi menedżerami swojego przedsiębiorstwa. Przesłał im eleganckie zaproszenia na weekend, którego plan zapowiadał się luksusowo. Wyczarterowany samolot czekał w piątek wieczorem na lotnisku, a na jego pokładzie butelki szampana oraz piękne kobiety. Kilkugodzinny lot do Monte Carlo upłynął wyjątkowo szybko i przyjemnie, a kolejne atrakcje dopiero miały nadejść. Była to ekskluzywna kolacja na jachcie. Wyjątkowa nie tylko ze względu na jedzenie i wino, lecz także fakt, że pojawił się na niej sam biznesmen. Wszedł dyskretnie, życzył smacznego, po czym rozpoczął... tyradę złożoną z „pierdolonych", „zjebanych", „kurew" i „chujów". Zwrócenie uwagi podwładnym zakończyło się wręczeniem kilku wypowiedzeń. Pozostali zaś otrzymali zadania z celami nierealnymi do osiągnięcia w zaproponowanym przez biznesmena czasie. Taka motywacja.

Równie ciekawa była forma nagradzania za dobre wyniki. W prywatnej willi nieopodal centrum Warszawy ten sam biznesmen zorganizował podziękowanie dla pracowników, którzy osiągnęli najlepsze wyniki finansowe w kończącym się roku. Z racji tego, że byli to niemal wyłącznie mężczyźni, nagroda była oczywista. Seksownie ubrane kobiety w butach na wysokim obcasie czekały na nagrodzonych. Na rękach miały bransoletki w trzech kolorach – złotym, srebrnym i czerwonym. Były one w ten sposób uszeregowane według urody. Najładniejsze to oczywiście złote. Wyróżnieni pracownicy zostali podzieleni na trzy kategorie w zależności od osiągniętych wyników.

Najlepsi również otrzymali złote bransoletki i mogli korzystać z usług seksualnych wszystkich kobiet, zdobywcy drugiej nagrody mieli do dyspozycji odpowiednio kobiety z bransoletkami srebrnymi i czerwonymi. Tym, którzy zajęli trzecie miejsce, pozostały panie z czerwoną opaską. Bransoletki przypominały paski znane z *all inclusive* i uniemożliwiały zdjęcie. Wcześniej zaś w szatni zdeponowano telefony i wszelkie urządzenia, dzięki którym można byłoby zarejestrować przebieg „spotkania integracyjnego".

Mimo bulwersujących nagrań ujawnionych podczas afery taśmowej gastronomiczny obraz polskich polityków i biznesmenów maluje się dość monotonnie. Brak w nim fantazji i kreatywności. Nie ma miejsca na szaleństwo znane naszym wschodnim sąsiadom. Brak imprez, w których baseny napełniają się szampanem, a w dyskretnych pomieszczeniach dochodzi do seksualnych igraszek. Co ja mówię? Przecież te były, i to w dużych ilościach. O nich jednak w następnym rozdziale.

W RESTAURACJI UPRAWIAĆ MOŻNA POLITYKĘ, BIZNES LUB... SEKS

W każdej liczącej się aferze pojawiają się wątki seksualne. Nie inaczej było i w przypadku afery taśmowej. Ta część pozbawiona będzie jednak nazwisk i detali. Opisane sytuacje budzą niesmak i wspominam o nich tylko dlatego, że wierzę, że wszyscy, którzy mają coś na sumieniu, przeprowadzą szczerą rozmowę z bliskimi.

Właśnie niesmak sprawiał, że takich spotkań nigdy nie rejestrowałem. Nie interesowały mnie one. Nie zamierzałem nikogo szantażować ani wchodzić w jego życie z butami. Nie nagrałem nigdy żadnej rozmowy, która nie byłaby ze styku polityki i biznesu. Na takim stanowisku stałem od początku, o czym uprzedziłem Łukasza. Potwierdzeniem tego jest wykaz rozmów, który przekazałem prokuraturze, oraz zgromadzone przez nią materiały. Posądzanie mnie o tanią sensację i szantaże (a tak właśnie postąpiły media) było jedną z niewielu rzeczy, które mnie irytowały.

W świecie gastronomii dziwiło mnie niedużo, jednak wykorzystywanie salek vipowskich, aby uprawiać seks, było zastanawiające. Zdaję sobie sprawę z pobudzającego napięcia, które wywołać może wtargnięcie kelnera podczas stosunku, jednak wpływowi politycy czy też biznesmeni, mający przecież spore środki na koncie, mają za co zachowywać większą dyskrecję. Zapewne był to jednak swoisty rodzaj współzawodnictwa i sposób na podnoszenie własnego ego, bowiem bywalcy salek przechwalali się erotycznymi dokonaniami sobie nawzajem, a czasem nawet kelnerom. A dokonania te nie były małe. Począwszy od gołych spotkań i wymiany nagich zdjęć między dwoma rozpoznawalnymi mężczyznami, którymi przez pewien czas dysponował Łukasz, poprzez regularne wizyty prostytutek, na orgiach seksualnych z udziałem celebrytek skończywszy. Nagie zdjęcia były również w… telefonie Łukasza zabezpieczonym przez ABW. To wszystko działo się w kuluarach restauracji Sowa & Przyjaciele.

Klub Polskiej Rady Biznesu cieszył się większą estymą i chociażby z tej racji nie dochodziło tam do seksualnych ekscesów. Przynajmniej ja o nich nie wiedziałem, choć zapewne, jak to w życiu bywa, od tej reguły (jak od każdej) zdarzały się jednak wyjątki.

Wymowny jest fakt, że z wszystkich osób, których seksualne igraszki zostały uwiecznione na taśmach, zaledwie cztery wystąpiły do prokuratury o przyznanie im statusu poszkodowanych. Pozostali konsekwentnie milczą i nie zabierają głosu na ten temat. Wśród nich jest królowa polskich celebrytek, jej dobra przyjaciółka oraz kilku wpływowych polityków i biznesmenów. Jak dotychczas wyszło im to na dobre, gdyż serwisy plotkarskie milczą na ten temat. Nagrywanie rozmów, podobnie jak uprawianie seksu w restauracji, nie jest przestępstwem ściganym z urzędu i gdyby nie składane wnioski, to sprawą nie zajęłaby się nawet Komenda Policji na Mokotowie, a co dopiero Prokuratura Okręgowa dla Pragi-Północ.

Nie wszyscy przyłapani na gorącym seksualnym uczynku postąpili jednak zgodnie z tą zasadą. Odstępstwem od reguły były dwie panie z warszawskiego pseudocelebryckiego i lanserskiego światka zaproszone przez pewnego biznesmena oraz polityka. Wiele miesięcy po spotkaniu zeznały w prokuraturze, że… nie pamiętają, czy odbyły wówczas stosunek seksualny. Nie odświeżyło im pamięci puszczone nagranie, obie kobiety bowiem stwierdziły zgodnie, że wypiły kieliszek szampana i straciły pamięć.

Od Łukasza wiem, że ich stawka za taki wieczór wynosiła trzy tysiące złotych plus wino i jedzenie. Status pokrzywdzonych mają także dwaj mężczyźni – obaj żonaci, występujący również na innych zarejestrowanych rozmowach. Nagrane spotkanie jednego z nich z wpływową kobietą może być dla wielu niezwykle szokujące.

12. KONIAK NA LEPSZE TRAWIENIE

PORZĄDKI

Pod koniec maja 2014 roku Łukasz przekazał mi szyfrowany dysk. Otrzymał go od zleceniodawców. Był to czarny nośnik o pojemności przeszło pięciuset gigabajtów. Od pozostałych odróżniał się wzmocnioną obudową oraz cyferblatem, który służył do zabezpieczenia kodem urządzenia przed jego uruchomieniem przez niepowołane osoby. Od Łukasza otrzymałem też informację, aby pozbyć się wszelkich starych plików i wszystkie trzymać na nowym szyfrowanym dysku. Ślady miałem zatrzeć, a nowego dysku używać zgodnie z przedstawioną mi instrukcją. Technologiczne opisy, które usłyszałem wówczas od Łukasza, budziły moje zdumienie, ponieważ był on przykładem osoby ewidentnie antykomputerowej. Potrafił obsługiwać iPhone'a, ale problemy sprawiało mu nawet sprawne poruszanie się w systemie operacyjnym, nie mówiąc o pakiecie biurowym. Bał się komputera, miał problemy z najprostszymi czynnościami. Wtedy mówił zaś płynnie i logicznie, czasami posiłkując się kartką, aby użyć dokładnej nazwy dotyczącej na przykład formy kodowania zapisu.

Razem z nośnikami Łukasz otrzymał też nowy, podwójnie zabezpieczony komputer. Jego poprzedni laptop uległ zniszczeniu, a naprawa była zbyt ryzykowna, ponieważ serwisant mógłby poznać zawartość dysku. Przyczyna zepsucia była prozaiczna – laptop spadł z łóżka.

Nowe gadżety Łukasz przekazał mi przy ulicy Wiejskiej. Jedliśmy lunch w restauracji Why Thai, gdzie serwowano jedno z lepszych tajskich curry w okolicy. Odpowiadały nam potrawy, spokój i lokalizacja. Obaj mieliśmy tam blisko z naszych miejsc pracy, a przy okazji był to dogodny punkt obserwacji posłów krążących wokół Sejmu.

Przeprowadzona wówczas rozmowa była naszą pierwszą, w której pojawił się wątek medialny. Nigdy wcześniej Łukasz nie wspominał o scenariuszu, w którym zarejestrowane przez nas nagrania mogłyby przedostać się do gazet czy telewizji. Ja również nie brałem tego pod uwagę, gdyż byłaby to dekonspiracja całego przedsięwzięcia, co wiązałoby się z ogromnymi konsekwencjami. Myślałem dość krótkowzrocznie. Wiedziałem, że dostarczam ważne informacje, jednak podświadomie łudziłem się, że moja rola jest istotna. Na tyle istotna, że zleceniodawcom będzie zależało na jej zachowaniu. Uzyskane treści traktowałem jako dywagacje i podchodziłem do nich z dystansem. Kilkukrotnie rozmawialiśmy z Łukaszem o możliwych zagrożeniach, ale przez wiele miesięcy nic na nie nie wskazywało. Idea afery medialnej pozostała jednak z tyłu głowy.

GRUPA WIEDEŃSKA I ZAKULISOWE NAGRANIE GRUPY KOMBI

Czerwiec roku 2014 był wyjątkowo gorący. Mnie jawił się jako spokojny okres tuż przed wakacjami świata biznesu i polityki. Lipiec i sierpień były dla restauracji biznesowych czasem odpoczynku i przygotowania do kolejnego sezonu rozpoczynającego się wraz z inauguracją roku szkolnego. Wcześniej miał być długi weekend związany ze świętem Bożego Ciała i moje urodziny. W czerwcu wypadał także mój wyjazd do Wiednia. Zostałem zaproszony przez organizację zajmującą się winem z kraju Straussa na festiwal VieVinum. Austriacy, jak to zwykle bywa, przygotowali wszystko fantastycznie. Jeden z moich znajomych nieustająco żartował: „Jak oni mogli przegrać wojnę? Taka organizacja... Nieprawdopodobne". Były degustacje, wycieczki i kolacje. I lejące się strumieniami wino. Austria, jak każdy winiarski kraj, produkuje wina fantastyczne, jak i te nadające się jedynie do gotowania. Szukałem najciekawszych.

Wyjazd zaplanowany był na przedłużony weekend i rozpoczął się już trzy dni po spotkaniu doktora Kulczyka z szefem Najwyższej Izby Kontroli. To było ostatnie zarejestrowane przeze mnie nagranie. Zgodnie z ustaleniami przesłuchałem je, a następnie zgrałem na zabezpieczony hasłem dysk oraz zwykły pendrive, który przekazałem Łukaszowi. Wcześniej sporządziłem krótką notatkę, którą zawsze dołączałem do pliku.

Był to najprostszy możliwy dokument przygotowywany w programie Notatnik. Jego schemat był zawsze taki sam. Zawierał nazwiska rozmówców i datę spotkania w nazwie, a w treści umieszczone były dodatkowe informacje. Składały się na nie poruszane tematy i padające w nich słowa kluczowe. Każdy plik tagowałem na swój sposób. Zakładałem, że to może ułatwić jego klasyfikację przez zleceniodawców. Najważniejszą zapisywaną informacją były godziny rozpoczęcia i zakończenia rozmowy. W przeciwieństwie do Łukasza nie włączałem rejestracji na minuty przed rozpoczęciem spotkania. Czasami zostawiałem urządzenie na godzinę lub dwie wcześniej. Nie zawsze miałem bowiem swobodny dostęp do saloników i nie zawsze miałem czas, by spokojnie to zrobić.

Moja praca obejmowała trzy piętra Pałacu Sobańskich i obsługę wielu gości jednocześnie. Lubiłem otwierać i sprzedawać wina, więc nie odmawiałem zarówno kelnerom z Klubu Polskiej Rady Biznesu, jak i z restauracji Amber Room, które funkcjonowały jako dwa osobne byty w jednym budynku. Czerpałem satysfakcję z zadowolenia gości pijących wino, które im poleciłem. Bywały i takie sytuacje, że pozostawiałem rejestrator na wiele godzin przed spotkaniem, ponieważ akurat danego dnia miałem wolne. Przyjeżdżałem wówczas na Aleje Ujazdowskie, zamieniałem po kilka zdań z każdym z pracowników, po czym zostawiałem pendrive w ustalonej lokalizacji. I żegnałem się z niczego niepodejrzewającymi znajomymi. Praktyka dodawała pewności i spokoju.

Były jednak sytuacje, w których do dekonspiracji brakowało naprawdę niewiele. Pierwszą z nich był koncert grupy Kombi dla menedżerów jednej z międzynarodowych korporacji. W Saloniku Polskim muzycy mieli mieć swoją szatnię. Był on zlokalizowany na niskim parterze Klubu Polskiej Rady Biznesu. Było to też miejsce spotkania Radosława Sikorskiego z jednym z generałów Wojska Polskiego, które odbyło się poprzedniego dnia, w piątkowy wieczór. Teraz salonik miał się przeobrazić w szatnię. Zazwyczaj nie pracowałem w weekendy, więc wahałem się, czy warto wybierać się do Pałacu po pozostawiony pendrive. Część klubowa była w weekendy zamknięta, więc ewentualne zagrożenie czyhało jedynie ze strony serwisu sprzątającego. Coś mnie jednak tknęło, aby wydobyć rejestrator.

Nie miałbym z pewnością tego problemu i dylematu, gdybym poprzedniego dnia poczekał na zakończenie spotkania ministra spraw zagranicznych. Zakończyło się ono jednak dość późno, więc nie dotrwałem do finału. Do pomieszczenia dotarłem dopiero w sobotę. Nastąpiło to w ostatniej chwili. W momencie, gdy ekipa techniczna zabierała się za wynoszenie drewnianej konsoli, za którą leżał nieruchomo czarny pendrive z zapaloną czerwoną diodą. Był to znak, że ciągle nagrywa. Zagadałem pracowników i szybko zasłoniłem butem niewygodny element. Następnie pospiesznie włożyłem go do kieszeni. Zażartowałem w myślach, że zakulisowe nagranie muzyków z pewnością nie byłoby najbardziej szokującym z tych, które posiadamy w bibliotece, jak nazywaliśmy nasz zbiór nagrań.

Dużo bardziej nieostrożnie zachowałem się kilka tygodni później, kiedy musiałem skopiować pliki związane z kwestiami celnymi i akcyzowymi w sprawie importu wina. Przeszukałem całe biuro, ale okazało się, że niestety przy sobie mam jedynie nasz pendrive z zapisanymi dwoma rozmowami, które miałem tego dnia przekazać Łukaszowi. Skorzystałem więc z niego. Podłączyłem go do służbowego komputera, a następnie skopiowałem dokumenty. Chciałem je wydrukować w innym miejscu, a następnie usunąć z nośnika. Pilny telefon o pojawieniu się ważnego gościa wytrącił mnie z równowagi i… pozostawiłem urządzenie bezpańsko na biurku. Po kilkunastu minutach zorientowałem się, że o nim zapomniałem, i wróciłem do pomieszczenia. Niestety był to pokój ogólnodostępny i urządzenie zniknęło ze stolika! Wpadłem w popłoch, ponieważ na pendrivie były moje odciski palców, zarejestrowane przeze mnie rozmowy, a przede wszystkim pliki z wykazem akcyzowym, które prowadziły do mnie w sposób bezpośredni. Tylko ja zajmowałem się tymi sprawami, więc moje tłumaczenia, że to nie moje, byłyby zapewne mało wiarygodne. Przeszukałem dokładnie pokój, a następnie wypytałem kelnerów i menedżerów, czy któryś z nich nie zabrał mojej zguby. Wszyscy zaprzeczyli. Wróciłem niespokojny do swojego mieszkania. Sytuacja wyjaśniła się następnego dnia, kiedy jeden z kierowników porannej zmiany przywitał mnie słowami: „Konrad, nie zostawiłeś czasem wczoraj pendrive'a na biurku? Schowałem go, żeby ci nie zginął". Odetchnąłem z ulgą. Nie kamień, a olbrzymi głaz spadł mi wówczas z serca.

Były to dwie z trzech sytuacji, w których zachowałem się nieostrożnie. Ostatnia, najgroźniejsza, związana była właśnie z wyjazdem na austriacki festiwal wina. Przed samą podróżą do Wiednia moja sytuacja nie była w pełni komfortowa, jednak w mojej ocenie ryzyko dekonspiracji było umiarkowane. Wyjazd przebiegał zgodnie z harmonogramem, który jednak szybko uległ zaburzeniu. Już drugiego dnia po objeździe winnic odebrałem od Łukasza wiadomość na komunikatorze. Jej treść wbiła mnie w obity dermą fotel autobusu: „Ktoś podsłuchiwał polityków i biznesmenów w restauracji Sowa & Przyjaciele. Artykuł ma opublikować »W Sieci«".

Rozpocząłem z Łukaszem konwersację, choć tym razem był on bardzo małomówny. Jak tylko dotarłem do hotelu, uruchomiłem połączenie wideo. Koszty roamingu nie grały roli. Moja ciekawość była znacznie większa. Nerwowo zacząłem przeglądać internet w poszukiwaniu jakiejkolwiek wzmianki na ten temat. Obraz zniszczenia w mojej głowie został dopełniony. Przed restauracją Sowy ustawiły się już wozy transmisyjne i dziennikarze. To samo zadziało się przed Pałacem Sobańskich następnego dnia.

Chciałem wracać, ale zdałem sobie sprawę, że odłączenie się od grupy i powrót na własną rękę będzie nieracjonalnym rozwiązaniem. Nie chciałem zwracać na siebie uwagi. Przez resztę pobytu każde wino smakowało mi identycznie. Nie byłem w stanie skupić się na smaku i aromacie. Nawet duża ilość trunku nie potrafiła mnie wybić ze stanu trzeźwości umysłu. Nieustannie towarzyszyły mi domysły i poszukiwanie możliwych rozwiązań.

Świadomy potencjalnego śledzenia mojego komputera i tabletu, sprawdziłem na hotelowym komputerze wszystkie szczegóły prawne. Wiedziałem, że grozi mi kara do dwóch lat pozbawienia wolności, i wiedziałem, że mówi o tym artykuł dwieście sześćdziesiąty siódmy kodeksu karnego. Od Łukasza wiedziałem też, że zleceniodawcy mogą mnie zwyczajnie zostawić w tej sytuacji na lodzie. Ułożyłem sobie scenariusz czarnej wizji konsekwencji prawnych i uznałem go za najgorszy możliwy. Najbliższe dni pokazały, jak bardzo się myliłem.

Nie wiedziałem, jak wielkie jest zainteresowanie tą sprawą w Polsce. 15 czerwca, w trakcie mojej drogi z Wiednia do Krakowa, temat już był na ustach wszystkich. Odniósł się do niego nawet ksiądz po kazaniu w polskiej parafii w Wiedniu. Osoby zajmujące się winem, które mają zazwyczaj bardzo luźne i zdystansowane podejście do polityki, dyskutowały o tym zawzięcie. Padło kilka żartów. Część z nich dotyczyła… mojej osoby, ponieważ kilkoro uczestników wiedziało, że byłem wcześniej powiązany zawodowo z właścicielami restauracji Sowa & Przyjaciele, skąd niejako trafiłem do Pałacu Sobańskich.

Część żartów brzmiała: „A może to Konrad nagrywał rozmowy?", po czym cała grupa jadąca w autobusie parskała śmiechem. Nie cała. Mnie do śmiechu nie było.

Gdy już dotarliśmy do Krakowa, odebrałem samochód z parkingu i ruszyłem śpiesznie do Warszawy. Nie czułem zmęczenia ani dekoncentracji. Cel był jeden. Przyjechać jak najszybciej i zatrzeć po sobie wszelkie możliwe ślady. Niedzielny wieczór sprzyjał szybkiej jeździe. Po drodze zarobiłem najwyższy mandat w swoim życiu. Było to przekroczenie prędkości o przeszło sześćdziesiąt kilometrów. Stałem się uboższy o kilkaset złotych.

Myślałem jednak tylko o pendrivie pozostawionym nieopatrznie w jednym z gabinetów vipowskich. Kilka miesięcy wcześniej wpadł mi za obudowę grzejnika, a wyjęcie go graniczyło z cudem. Nie miałem czasu go wówczas wyciągać, więc skorzystałem z rezerwowego, który miałem zawsze przy sobie. Za każdym następnym razem, kiedy próbowałem go wydostać, ktoś mi przeszkadzał. W ten sposób czarny plastikowy nośnik przeleżał w ukryciu kilkanaście tygodni. Miałem świadomość, że to już ostateczny czas, by go wyjąć.

Gdy dotarłem do Warszawy, od razu udałem się na Aleje Ujazdowskie. Jako że często pracowałem do późnych godzin, nie miałem problemu z przekonaniem ochroniarzy, aby mnie wpuścili na teren restauracji. Pobiegłem na pierwsze piętro i z latarką rozpocząłem rozbieranie obudowy. Była godzina druga w nocy i nie chciałem głównym światłem niepotrzebnie przyciągać uwagi. Dzięki śrubokrętowi i kombinerkom po kilkudziesięciu minutach siłowania się śruby wreszcie puściły i wyciągnąłem zalegający w stercie kurzu pendrive. Obudowę przykręciłem z powrotem i udałem się do wyjścia. Dla niepoznaki wziąłem segregator z dokumentami i odjechałem.

Wyjeżdżając z posesji, gestem uniesionej ręki pozdrowiłem ochroniarzy, od których dowiedziałem się, że ABW już było na terenie restauracji dwa dni wcześniej, ale nie mieli nakazu, więc nie zostali wpuszczeni.

Kilkanaście miesięcy później media podały informacje, że grupa byłych oficerów polskich służb oferuje nagrania ponad siedmiuset godzin rozmów polskich polityków i biznesmenów. Wśród nich miało być spotkanie Jana Kulczyka z Donaldem Tuskiem pochodzące z willi premiera przy ulicy Parkowej. Transakcje z zainteresowanymi miały odbywać się w… Wiedniu.

ZACIERANIE ŚLADÓW

Chciałem skontaktować się z Łukaszem jak najszybciej. Czułem się niepewnie i brakowało mi informacji. Nie wiedziałem, kto odpowiada za wyciek i jak zareagowała na to „góra". Zależało mi, żeby spotkać się zaraz po powrocie, ale stanowczo odmówił. Następnego dnia dowiedziałem się dlaczego. Pod wynajmowanym przez niego mieszkaniem przy ulicy Niewielkiej stał patrol ABW. Nie byli zbyt dobrze zakamuflowani. Wjeżdżając na osiedlowy parking, od razu ich wyłowiłem. Nie byli też zbyt czujni, bo moje wejście do klatki nie wzbudziło ich zainteresowania. Przypominali raczej gang Olsena, a nie profesjonalistów.

Kiedy już bez żadnego kamuflażu dotarłem na pierwsze piętro, Łukasz zaraz po otwarciu drzwi dał mi sygnał, aby na ten temat nie rozmawiać. Wziął kartkę oraz stary długopis i zaczął pisać. Poinstruował mnie, jak powinienem odpowiadać na pytania, gdyby ktoś je zadawał. Wersja była najprostsza z możliwych: „Ja nic nie wiem. Ja tylko podawałem wino". Na moje pytania dotyczące celu publikacji i przekazania treści mediom odpisał krótko: „Chcą wyjebać rząd". „Kto?", odpisałem poniżej. „Służby". To słowo było ostatnim zapisanym. Potem podarliśmy kartkę na małe strzępy, które spuściliśmy w toalecie. Napiliśmy się zielonej herbaty i porozmawialiśmy o rzeczach nieistotnych.

W mieszkaniu nie rozmawialiśmy o wydarzeniach związanych z aferą taśmową, gdyż Łukasz obawiał się, że... jest podsłuchiwany przez stacjonujących na dole funkcjonariuszy. Była to dość śmiała teza, bowiem moim zdaniem jedyne, co mogli podsłuchać, to własne myśli, a właściwie ich brak… Spokojnie wyszedłem z mieszkania i z klatki. Przy okazji wziąłem worek ze śmieciami od Łukasza, aby wyrzucając je, przyjrzeć się funkcjonariuszom na służbie. Przypominali zestresowanych strażników miejskich, a nie oficerów Agencji Bezpieczeństwa Wewnętrznego.

Udałem się do pracy. Zastanawiałem się, czy ktoś za mną pojedzie. Do rozpoczęcia dniówki miałem jeszcze dobrze ponad dwie godziny, więc stwierdziłem, że wyruszę autostradą w kierunku Poznania, skąd po kilkudziesięciu kilometrach zawrócę. Może stwierdzą, że wyjeżdżam za granicę z nagraniami? – pomyślałem wówczas i uśmiechnąłem się do siebie w duchu.

Zdenerwowanie, które mi towarzyszyło, w połączeniu z adrenaliną wprawiło mnie w dobry nastrój. Szybko zauważyłem jednak, że żaden samochód za mną nie podąża. Jechałem bocznymi ulicami i wiejskimi drogami. Po czterdziestu minutach zadzwoniłem do znajomego i poprosiłem o pożyczenie samochodu. Miał warsztat, więc nie było z tym problemu. Jaskrawo zielone daewoo tico było najłatwiejszym możliwym celem, jednak i tutaj nie wydarzyło się nic specjalnego.

Sprawdzając ewentualny podsłuch mojego telefonu, zadzwoniłem do pracy i powiedziałem, że będę później. Nie było żadnej reakcji. Opisywane w mediach brawurowe akcje funkcjonariuszy ABW miały niewiele wspólnego z prawdą. Wkrótce przekonali się o tym dziennikarze tygodnika „Wprost".

Wieczorem wróciłem odebrać swój samochód. W trakcie jazdy po głowie chodziła mi myśl: „Jaki kraj, takie służby"… Z perspektywy ABW moja sytuacja nie była w jakikolwiek sposób dziwna bądź podejrzana.

Dwudziestosiedmiolatek z nadwagą, pracujący w restauracji, gdzie również nagrywano polityków, a do tego będący bliskim znajomym głównego podejrzanego, którego właśnie odwiedził i z którym w ciągu ostatniego roku wymienił kilkaset połączeń? Nie. Jak mawia Mariusz Max-Kolonko: „To się nie dodaje".

CO PAN SĄDZI O AFERZE TAŚMOWEJ?

Mieszkałem niedaleko centrum i często jeździłem do pracy rowerem. Moja trasa wiodła zazwyczaj przez Trakt Królewski. Tak było również we wtorek 17 czerwca. Z racji dużego tłumu w okolicach Pałacu Prezydenckiego zszedłem ze swojego bicykla i poszedłem pieszo, prowadząc go obok. Nie zdążyłem ujść pięćdziesięciu metrów, a zostałem zaatakowany przez dziennikarzy ogólnopolskiej stacji radiowej.

– Co pan sądzi o aferze taśmowej? Jakie ma pan zdanie? – usłyszałem piskliwy głos redaktora.

– Nie znam sprawy – odpowiedziałem krótko i pospiesznie przeszedłem na drugą stronę ulicy.

Tam czekała już stacja telewizyjna również przeprowadzająca sondę uliczną na ten sam temat. Westchnąłem ciężko i nie bacząc na tłum, wsiadłem z powrotem na rower.

Po pracy spotkaliśmy się z Łukaszem. Był załamany. Praca, która była jego życiem, nagle się skończyła. Wieczory, które zazwyczaj spędzał w restauracji, stały się puste. Na kartce napisał mi o swoim adwokacie. Był nim Robert Oliwa. Podczas wybuchu medialnego szumu przebywał akurat w restauracji Sowa & Przyjaciele. Z miejsca zaproponował pomoc prawną Łukaszowi oraz restauracji. Mecenasa, podobnie jak i wiele innych osób, Łukasz przedstawiał dwuznacznie. Z jednej strony powiedział mi: „On jest po naszej stronie", ale kiedy skontaktowałem się z prawnikiem na własną rękę, Łukasz miał pretensje, że naraziłem nas na wydanie. Poprosił mnie wówczas o cierpliwość. Mieliśmy po prostu czekać.

Przekazał mi także szczegółowy plan zniszczenia i zatarcia po sobie wszelkich dowodów. Przede wszystkim miałem zniszczyć komputer i otrzymany niedawno dysk zewnętrzny zabezpieczony hasłem. Ponadto miałem się pozbyć wszelkich nośników, na których znaleźć się mogły jakiekolwiek poszlaki związane z naszą aktywnością.

Do tej akcji przystąpiłem następnego dnia. Była środa 18 czerwca i zapowiadał się upalny dzień. Zgodnie z otrzymanymi wytycznymi uderzać miałem młotkiem w ceramiczne słoje dysków. Dzięki temu dane miały być nie do odzyskania. Do zadania przystąpiłem z dużą gorliwością. Był środek tygodnia, więc niestety nie mogłem wpisać się w niedzielną tradycję rozklepywania schabowych, ale i na to znalazłem sposób. Ustawiłem iPada na maksymalny poziom dźwięku oraz podłączyłem do głośników. Zabrzmiał utwór *Syreny* Artura Rojka. To właśnie on od tamtego momentu kojarzy mi się z utraceniem danych, które gromadziłem przez lata. Bo razem z nagraniami zniszczyłem wszystkie prywatne zdjęcia, filmy oraz pliki związane z całym dorobkiem zawodowym.

Taki był pierwszy koszt prowadzonej aktywności podsłuchowej nazwanej później przez funkcjonariuszy Centralnego Biura Śledczego „firmą Polskie Nagrania". Po rozbiciu młotkiem komputera i pozostałych nośników pokój wypełniły setki drobnych elementów obudowy i płytek elektronicznych. Do dywanu przykleiły się miliony drobinek przypominających brokat. Dla pewności większe elementy umieściłem w kuchence mikrofalowej i pozwoliłem im tam spędzić kilka minut. Następnie wszystko spakowałem do kilku różnych worków na śmieci i zaniosłem do bagażnika samochodu.

Ostatnim zaleceniem Łukasza było porzucenie nośników w rzece. Nurt miał je porwać i zabrać ze sobą na zawsze. Przewożenie wszystkich dowodów przy sobie było ryzykowne, jednak nie miałem innego wyjścia. Chciałem pojawić się normalnie w pracy, nie wzbudzając niczyich podejrzeń. Po raz kolejny dał o sobie znać przewrotny los.

Środa znów była dniem odwiedzin funkcjonariuszy Agencji Bezpieczeństwa Wewnętrznego na terenie Pałacu Sobańskich. Szukali kolejnych dowodów, ponieważ wszystkie ich działania prowadziły w ślepy zaułek. Służbowy ford mondeo funkcjonariuszy stanął zaraz obok mojego auta. Zablokował mi nawet wyjazd. Poprosiłem grzecznie o przeparkowanie, gdyż zamierzałem wyjechać. Kierowca pospiesznie odjechał kilka metrów i mogłem spokojnie opuścić teren posesji przy Alejach Ujazdowskich 13. Opuścić i pozbyć się dowodów, które były mniej niż trzydzieści centymetrów od funkcjonariuszy. Każdy worek ze zniszczonymi nośnikami zamierzałem wyrzucić w inne miejsce. Pierwsza w kolejności była Wisła. Nie miałem wiele czasu, gdyż szybko musiałem wracać do pracy. Nie zapuszczałem się więc zbyt daleko. Okolice warszawskiego ogrodu zoologicznego wydały mi się bezpiecznym miejscem.

Zaparkowałem samochód przy ulicy Ratuszowej i ruszyłem w stronę Wisły. Nauczony scenariuszami amerykańskich filmów szpiegowskich rozglądałem się za ukrytymi kamerami. Szedłem nieoczywistą trasą z głową spuszczoną w dół. Zmieniłem kurtkę i nakrycie głowy. Później zastanawiałem się, czy ta maskarada była potrzebna. Czy nie była to przesadna ostrożność bądź po prostu naiwność… W ten niecodzienny sposób dotarłem do nabrzeża rzeki. Było to w pobliżu lokalu La Playa, gdzie wielokrotnie chciałem pójść, a nigdy nie miałem sposobności. Miejsce to rekomendowało wielu moich gości. Odszedłem kilkaset metrów od terenu klubowego i przystąpiłem do opróżniania pierwszej reklamówki. To zajęło zaledwie chwilę. Zanim wróciłem do samochodu, stanąłem w zaroślach i sprawdziłem, czy nikt za mną nie podąża. Po odczekaniu kilkunastu minut wróciłem do auta. Po drodze wrzucałem niewielkie elementy dysków do znajdujących się przy chodniku koszy. Kolejne fragmenty wyrzuciłem po drodze, zatrzymując się w przypadkowo wybranych miejscach. Jedynym kryterium był brak obecności kamer i zbyt wielu ludzi.

Ostatnią część pozostałości umieściłem w kontenerze na Mokotowie. Znałem go i wiedziałem, że ma otwartą bramkę. Mieszkałem w tamtej okolicy, zanim przeprowadziłem się do śródmieścia, i często mijałem go w drodze do metra. Pamiętałem też cykl wywożenia śmieci, który przypadał na wtorki i czwartki. Miałem nadzieję, że będą opróżnione dnia następnego. Pozostała do usunięcia korespondencja mailowa z Łukaszem. Nigdy o sprawie rejestratorów nie kontaktowaliśmy się za pomocą poczty elektronicznej, jednak dla pewności wyczyściłem serwery z kopii naszych wiadomości.

Ostatnim krokiem miało być wyczyszczenie sprzętu, którego zniszczyć nie mogłem. Były to przede wszystkim komputery, z których korzystałem, ale które nie należały do mnie. Wszystkie potraktowałem programem, który polecił mi Łukasz. Formatował on wybrane dane i czyścił wolną przestrzeń dysku w sposób uniemożliwiający jakiekolwiek odzyskanie danych. Po raz kolejny byłem zdumiony znajomością szczegółów technicznych przez Łukasza, ponieważ, jak wspominałem, był on osobą pozbawioną nawet elementarnej wiedzy w zakresie komputerów.

DLACZEGO PAN NAGRYWAŁ?

Pierwszy dotarł do mnie dziennikarz śledczy portalu TVN24.pl Maciej Duda. Pomimo wyraźnego zakazu ochrona wpuściła go na teren Pałacu Sobańskich wraz z fotografem. Było to dokładnie tego dnia, kiedy pozbywałem się śladów swojej działalności. Zarówno ochroniarzom, jak i niezbyt rozgarniętej recepcjonistce przekazał, że chciałby porozmawiać na temat win. To od samego początku wzbudziło moje podejrzenia, bowiem TVN24 nigdy o kontakt w sprawie wina mnie nie prosił. Ledwie zdołałem zejść po schodach, już usłyszałem lawinę chaotycznych pytań bez możliwości udzielenia odpowiedzi na którekolwiek z nich. „Jak długo zna pan Łukasza N.?" „Czy wiedział pan, że nagrywa rozmowy polityków?" „Czy pan też nagrywał rozmowy?" „Dlaczego pan nagrywał?" Ten narastający oskarżycielski ton sprawił, że poinformowałem, iż nie będę rozmawiał na ten temat. Po czym podziękowałem i wróciłem do biura. Zaskoczyła mnie przenikliwość dziennikarza, dotarł do mnie pierwszy.

Z czasem okazało się, że była to tylko desperacka zagrywka. Tę samą strategię zastosował bowiem wobec kilku innych osób. A o wcześniejszym dotarciu do mnie wspomniał dopiero w momencie ujawnienia informacji o postawieniu mi zarzutów przez prokuraturę, co nastąpiło kilka dni później. Nie zmienia to jednak faktu, iż jedynie on do mnie dotarł. O moim istnieniu w pierwszym tygodniu od wybuchu afery taśmowej nikt nie wiedział. Media spekulowały na temat brata Łukasza czy jego narzeczonej. Trop rodzinny wydawał się logiczny, jednak zupełnie bezpodstawny. Tabloidy wtargnęły w życie niezwiązanych ze sprawą ludzi, umieszczając ich na swoich okładkach w czarnych opaskach na oczach. Dziennikarze odwiedzali ich rodziny oraz znajomych i spekulowali, kto wchodzi w skład „gangu kelnerów".

Podobnie bezpodstawne były podejrzenia dotyczące dawnych znajomości Łukasza. Osoby mniej mu życzliwe chętnie udzielały dziennikarzom informacji na temat jego znajomych i wskazywały możliwe tropy. Dziennikarze tabloidów ochoczo podążali tymi ścieżkami. Nasza strategia zakładała nieobnoszenie się z tym, że się znamy. O naszej zażyłości wiedziało ograniczone grono osób. Często przed wspólnymi znajomymi udawaliśmy, że widzimy się dopiero drugi lub trzeci raz, a po spotkaniu wymienialiśmy SMS-y na temat wzajemnej „gry aktorskiej".

Poza pracą w restauracji pośredniczyliśmy w sprzedaży win, alkoholi i produktów delikatesowych. Odbyliśmy szereg rozmów, w których wypracowaliśmy odpowiednią formę współpracy i komunikacji. To wszystko sprawiało, że gdyby nie bilingi telefoniczne, nikt by nie wiedział, że się kolegujemy. A gazety prześcigały się w domysłach. Pisano o osobach, które nigdy nie istniały, a ich życiorysy były kompilacjami wielu innych.

Jedną z takich osób był szeroko opisywany przez „Newsweek" niejaki Piotr T. zatrudniony ponoć wcześniej na stanowisku sommeliera w Lemongrassie, a następnie w Pałacu Sobańskich. Nawet kelnerzy pracujący w Klubie Polskiej Rady Biznesu od samego początku nie przypominali sobie takiej osoby. Co więcej, zdjęcie owego sommeliera miano rzekomo okazać prezesowi strategicznej spółki skarbu państwa, który rozpoznał w nim sommeliera z restauracji... Sowa & Przyjaciele. Takiej osoby nie było, nie było również prawdopodobnie żadnego pokazywania zdjęcia jakiemukolwiek menedżerowi spółki skarbu państwa. Piotr T. po prostu nie istniał.

Media gubiły się w gąszczu nieprawdziwych informacji i domysłów. Każda kolejna publikacja przynosiła większe absurdy. Nie chodziło o faktycznych zleceniodawców, ale o sam sposób działania. Rejestrowałem rozmowy i wiedziałem, jak to było wykonywane. To ja naciskałem przycisk *record* i to ja zgrywałem je na dysk komputera. Tymczasem media przedstawiały wersję rodem z filmów *science fiction*.

Zadziwiająca dla mnie w tym czasie była rola „ekspertów". (Cudzysłów użyty celowo, gdyż ich teorie miały z prawdą niewiele wspólnego). Na temat podsłuchów wypowiadali się byli generałowie służb i urzędnicy departamentów obrony. Ludzie z tytułami i odznaczeniami. Pierwszym tropem miał być pilot służący do wzywania kelnera. W restauracji Sowa & Przyjaciele nie wszystkie spotkania miały biznesowy lub polityczny charakter. Niektóre z nich przypominały schadzki seksualne, których niespodziewane przerwanie uniemożliwiał pilot. Kelnera wzywało się naciśnięciem guzika, dzięki czemu nie pojawiał się nieproszony. Kłopot z tą wersją pojawił się w związku z rozmowami zarejestrowanymi w Klubie Polskiej Rady Biznesu. Tam takich urządzeń nie używano. Były co prawda na stanie, lecz leżały zakurzone na zapleczu. Wśród pozostałych wersji dominowała ta z mikrofonami kierunkowymi. Mówiono też o podsłuchach plazmowych, które przenoszone są poprzez dotknięcie osoby podsłuchiwanej.

Wypowiedział się również, a jakże, detektyw Krzysztof Rutkowski, który stwierdził, że podsłuchy były zamontowane w nodze stołu. Potwierdzeniem jego teorii miały być wyraźne odgłosy sztućców słyszane na nagraniach. Naczelny detektyw RP z pewnością chciał przy tej sprawie mocno zaistnieć, ale podobnie jak inni – nie błysnął. Najpierw w jednym z tabloidów buńczucznie ogłosił, że mógł wykupić wszystkie rozmowy za dwadzieścia tysięcy złotych, a następnie, dokładnie w dniu publikacji artykułu, desperacko próbował nawiązać z Łukaszem kontakt. Był osobiście w restauracji Sowa & Przyjaciele, by z nim porozmawiać. Obejrzał saloniki vipowskie, po czym zostawił numer telefonu i gorącą prośbę o przekazanie, aby Łukasz się z nim skontaktował. Z jego wizyty w restauracji sporządzona została notatka służbowa wykonana przez jednego z menedżerów lokalu. Napisał on w niej, że detektyw Rutkowski w towarzystwie drugiego mężczyzny przesuwali meble, odwracali stoliki i rozkręcali wspomnianego wcześniej pilota.

Nie tylko detektywowi zależało na spotkaniu z Łukaszem. Kilka SMS-ów oraz wiadomości głosowych na jego telefon wysłała prowadząca *Panoramę* Hanna Lis. Zawierały sugestię sprowadzającą się do: „Lepiej, aby pan się skontaktował teraz ze mną, zanim inni zmienią panu życiorys". Rozmowy te miały być oczywiście kuluarowe i nieoficjalne. Po kilku próbach pani redaktor dała za wygraną.

Nieprawdziwy przekaz i tendencyjność ukazywania faktów przez media zraziły mnie do nich bezpowrotnie. Jedynie peryferia internetu oraz niewielkie gazety i stacje telewizyjne skupiały się na bulwersujących treściach rozmów, a nie na ich sprawcach. Gdy wiele miesięcy później telewizje informacyjne wzięły na tapetę zarejestrowany z ukrycia film przedstawiający przedszkolankę znęcającą się nad swoimi podopiecznymi, to nikt nie skupiał się na autorze nagrania, ale na skandalicznych scenach. Przestałem wierzyć w rzetelność i sumienność dziennikarską. Przykładem jej braku, jak i braku wypracowanych standardów pracy, był e-mail wysłany na ogólny adres prokuratury przez dziennikarzy „Newsweeka" z prośbą o udostępnienie akt już następnego dnia, gdyż redaktorów „gonią deadline'y redakcyjne" i jutro muszą przygotować artykuł oparty na aktach. Ja na udostępnienie swoich akt czekałem niemal dziesięć miesięcy…

Podobnie rzecz się miała z kwestią wynagrodzenia, którą media opisywały bardzo szeroko, bardzo różnorodnie i za każdym razem mało rzetelnie. Najbardziej rażącym przykładem poszukiwania sensacji były jednak teksty deprecjonujące naszą działalność już po opublikowaniu wielu nagrań. Byliśmy ostrzegani przed nagonką, ale spodziewałem się innego rodzaju ataku.

Niemal rok po wybuchu afery taśmowej wiele serwisów informacyjnych podało informację, wedle której zarówno ja, jak i Łukasz przebywamy pod ścisłą ochroną funkcjonariuszy policji. Ochrona każdego z nas miała kosztować po kilkanaście tysięcy złotych miesięcznie. Mieliśmy przebywać w hotelach lub wynajętych mieszkaniach z opłaconym wyżywieniem i innymi luksusami. Informacje były tendencyjne i prezentowały nas jako pasożytów społecznych. Owszem, Łukasz z takiej ochrony korzystał, ale ja zrezygnowałem z niej po dwunastu dniach. Po tym okresie Skarb Państwa do mojego utrzymania nie dołożył ani złotówki. Wspominała o tym nawet prokurator prowadząca sprawę Anna Hopfer, ale również jej zdanie nie przebiło się w gąszczu informacji mediów głównego nurtu.

Zważywszy na postawione mi przez dziennikarza pytania i możliwe zainteresowanie ze strony mediów, podjąłem decyzję, aby na chwilę wyjechać ze stolicy. Była środa 17 czerwca 2014 roku. Po powrocie chciałem złożyć wypowiedzenie i poinformować o wszystkim zarząd spółki zarządzającej restauracją Amber Room i Klubem Polskiej Rady Biznesu. Dałem sobie na to cztery dni przedłużonego weekendu. Informując przełożonych o niewygodnych pytaniach dziennikarzy i o swoich planach wyjazdowych, otrzymałem pełne zrozumienie, a jednocześnie zapewnienie, że postarają się, aby TVN skierował główny obiektyw na restaurację Roberta Sowy. Nie trzeba mieć przeszkolenia w służbach, aby połączyć ówczesnych właścicieli Klubu Polskiej Rady Biznesu i właścicieli koncernu ITI, do którego należy TVN. To wszak te same osoby.

13. NIESMAK

GUMA DO ŻUCIA I PENDRIVE ZA GRZEJNIKIEM, CZYLI GORĄCZKA SŁUŻB I PROKURATURY

Służby działały po omacku. Nie wiedziały, co robić. Gubiły się i błądziły. Przeszukiwały po kilka razy te same miejsca. W mieszkaniu wynajmowanym przez Łukasza byli dwukrotnie. Zabrali wszystkie komputery, płyty CD, pendrive'y. Już na wstępie oświadczyli, że jak w lokalu są narkotyki albo gotówka, to… należy je odłożyć, bo nie to jest celem przeszukania. Wszystkie próby paliły jednak na panewce. Pod lupę wzięto więc także lokale należące do rodziny Łukasza. Z dużą dokładnością sprawdzano mieszkanie jego mamy i dom brata. Każdorazowo odbywało się to w podobny, dość chaotyczny i widowiskowy sposób. Funkcjonariusze posunęli się nawet do drobiazgowej kontroli garażu, zakończonej rozkręcaniem starego renault megane, które Łukasz niegdyś sprzedał bratu. Ostatecznie poza kołem zapasowym niczego nie znaleziono.

Brak tropów, kolejne niepowodzenia i presja medialna nie zrażały służb. Funkcjonariusze usiłowali być niezwykle skrupulatni.

Odgórne naciski przełożonych również nie ułatwiały im zadania. Generał ABW Dariusz Łuczak podlegał bezpośrednio Bartłomiejowi Sienkiewiczowi, którego deal z Markiem Belką stał się symbolem afery taśmowej.

Zgodnie z przyjętą w maju 2014 roku przez rząd ustawą Agencja Bezpieczeństwa Wewnętrznego znalazła się w gestii ministra spraw wewnętrznych. To dlatego sprawa, która z racji zagrożenia niską karą powinna trafić do Komendy Policji dla Warszawy-Mokotowa, znalazła się w rękach ABW. Co więcej, sprawą zajęła się Prokuratura Warszawa-Praga, która wcześniej odpowiadała za umorzenie śledztwa dotyczącego katastrofy smoleńskiej. Odpowiadał za nią dokładnie prokurator Józef Gacek, który przygotował czterystustronicowe uzasadnienie umorzenia postępowania, nie dopatrując się żadnych zaniedbań w organizacji wizyty polskiej delegacji. Nie to jednak było najbardziej zastanawiające w działaniach prokuratury.

Pierwszą kwestią była obecność Gacka, czyli naczelnika wydziału zajmującego się aferą taśmową, w redakcji „Wprost" 18 czerwca. Sprawę prowadziła jego podwładna, prokurator Anna Hopfer, więc jego osobiste stawiennictwo i nadgorliwość budziły spore zastanowienie. Owa nadgorliwość widoczna była także w późniejszych działaniach. W aktach prokurator opisywał wielokrotne próby skontaktowania się z nagranymi politykami, jak chociażby z Janem Krzysztofem Bieleckim, Aleksandrem Kwaśniewskim i Leszkiem Millerem. Możemy wyczytać w nich: „W dniach 30 czerwca–2 lipca 2014 wielokrotnie telefonowałem do biura poselskiego pana posła Leszka Millera, lecz nikogo nie zastałem". To dość zastanawiająca procedura. W kilku postępowaniach związanych z aferą taśmową mam status pokrzywdzonego i gdyby nie składane przeze mnie osobiście wnioski, nikt nie chciałby mnie nawet przesłuchać… W sprawach, w których mam status świadka, otrzymuję zaś wezwanie na przesłuchanie w konkretnym terminie. Nikt nie ustala ze mną szczegółów telefonicznie i nie informuje o prowadzonym śledztwie, nie mówiąc już o wielokrotnych próbach skontaktowania się...

Naciski podsłuchanego szefa MSW nie pomagały jednak, a tylko potęgowały chaos oraz dezorganizację wśród funkcjonariuszy. Krótko po upublicznieniu rozmowy Sikorskiego z Rostowskim w Pałacu Sobańskich pojawili się służbiści w celu przeszukania pomieszczeń pod kątem ewentualnych podsłuchów lub pozostałości po nich. Nie martwiło mnie to i nie stresowało. Wiedziałem, że zatarłem po sobie wszelkie ślady, usunąłem zapomniany pendrive spod kaloryfera. Przystąpili do pracy z niezwykłą skrupulatnością. Zamykali się w każdym pomieszczeniu z walizkami wypełnionymi sprzętem do analizy. Szczególnie dużo uwagi funkcjonariusze poświęcili gabinetowi JW, do którego dostęp mieli jedynie Jan Kulczyk i jego goście. Mimo że miał najmniejszą powierzchnię, poświęcili mu tyle samo czasu, co wszystkim pozostałym razem wziętym.

Wyniki kontroli były interesujące. Uwagę funkcjonariuszy przykuło kilkanaście gum przyklejonych do stołów i parapetów. Innymi ciekawymi znaleziskami były ślady taśmy klejącej, kleju, plamy po alkoholu i popiół z cygar. Gdyby nie dwie ostatnie, można byłoby stwierdzić, że w Pałacu Sobańskich częściej niż politycy i biznesmeni gościły przedszkolaki.

ABW W SOSIE SŁODKO-KWAŚNYM

Około południa 18 czerwca ruch w okolicach Hal Mirowskich w centrum Warszawy nagle zamarł. Na przyległych ulicach zaroiło się od policyjnych kogutów. Pojawili się też ubrani w czapki z dziurkami na oczy „kominiarze" wyposażeni w „dziurkacze". Celem była kolejna restauracja związana z aferą podsłuchową – tym razem pod ostrzał został wzięty jeden z najstarszych chińczyków w Warszawie. Nie był to lokal biznesowy i raczej nie bywali tam też ministrowie. Lokal Asia Tasty, bo o nim mowa, uzyskał jednak miano kultowego na stołecznej mapie gastronomicznej. Kolejki w ciągu dnia i niemożliwość znalezienia miejsca siedzącego w trakcie lunchu były tu standardem. Tanio, smacznie i z dużą ilością glutaminianu sodu – czego chcieć więcej? Przychodzili tu studenci, handlarze z pobliskiego targowiska, ale też biznesmeni. Przybywali celebryci, wśród nich popularny „Pudzian", były strongman, od którego nie mogłem oderwać wzroku, gdy pewnego razu zamówił cztery dania jednocześnie. Przychodziliśmy też ja z Łukaszem. Wołowina z bazylią była tu fantastyczna. Co innego przyciągnęło w czerwcową środę w te okolice funkcjonariuszy. Celem akcji było zatrzymanie Łukasza N., który akurat jadł tam obiad. Bezceremonialne wtargnięcie Agencji Bezpieczeństwa Wewnętrznego z wykorzystaniem środków jak przy ujęcia najgroźniejszego bandyty przeraziło ludzi znajdujących się w środku. Uzbrojony w chińskie pałeczki Łukasz nie miał szansy przeciwstawić się ostrej amunicji, którą dysponowało ABW. Brak poważnych dowodów, a jedynie poszlaki okazały się wystarczające do przeprowadzenia przez nich czynności.

Brak dowodów nie przeszkodził jednak w postawieniu zarzutów. Łukasz N., bo tak już był oficjalnie przez media i prokuraturę nazywany, usłyszał dwa zarzuty z artykułu dwieście sześćdziesiątego siódmego kodeksu karnego, zgodnie z którym kto „bez uprawnienia uzyska dostęp do informacji dla niego nieprzeznaczonej" oraz kto zakłada w tym celu urządzenie podsłuchowe, podlega karze grzywny, ograniczenia lub pozbawienia wolności do lat dwóch. Prokuratura nie miała żadnych dowodów na działalność Łukasza. Kilka dni wcześniej pozbył się komputera i pozostałych nośników. Część z nich wyrzucił do niewielkiego stawu w okolicy centrum handlowego Sadyba Best Mall, a bardziej wrażliwe dowody wywiózł poza Warszawę zaraz po pojawieniu się informacji o podsłuchach. Jedyny punkt zaczepienia, którym dysponowała prokuratura, to zeznania Bartłomieja Sienkiewicza i Dariusza Zawadki. Tylko oni wystąpili o przyznanie statusu pokrzywdzonego i zeznali o swoich wizytach w restauracji Sowa & Przyjaciele. Przesłuchania były jednostronne. Obaj rozpoznali obsługującego ich menedżera i wskazali Łukasza. Obaj opisali ogólnie swoje spotkania i wizyty. Obaj nie podali również żadnych konkretnych dowodów świadczących przeciwko menedżerowi VIP roomów. Podczas przesłuchania Łukasz stanowczo zaprzeczył jakimkolwiek związkom z rejestrowaniem rozmów. Cierpliwie odpowiadał na pytania śledczych dotyczące jego pracy i relacji z politykami. Zeznawał w charakterze świadka, ale media już podały informację o zatrzymaniu. Zatrzymani mieli zostać również jego brat wraz narzeczoną. Była to kompleta nieprawda, bowiem widziałem się z nimi następnego dnia.

Rządzących ogarnęła panika. Wyjściem było sięgnięcie po sprawdzone rozwiązanie.

POLSKA JEST PAŃSTWEM PRAWA, CZYLI ODWRACANIE KOTA OGONEM Z *GĘSIARKĄ* W TLE

Leszek Miller podsumował aferę wpisem na Twitterze: „Afera podsłuchowa ma taki ciężar gatunkowy, że wszystkie wcześniejsze urazy przestają być istotne". Kto jak kto, ale były przewodniczący Sojuszu Lewicy Demokratycznej z pewnością wiedział, co mówi. Wspomniany ciężar gatunkowy czuł także „kierownik". Po podjęciu tematu afery taśmowej przez media premier Donald Tusk również na Twitterze zakomunikował: „Przykra sprawa. Nie lekceważę jej". Ten krótki truizm był doskonałym punktem wyjścia do opracowania odpowiedniej strategii wychodzenia z kryzysu. Rozwiązania nie trzeba było szukać daleko.

Zgodnie z zasadą „czym się strułeś, tym się lecz", sięgnięto po rozwiązanie omówione dokładnie podczas zarejestrowanej rozmowy Belki z Sienkiewiczem. Minister spraw wewnętrznych opowiadał wtedy o swoim podziwie dla ugaszenia poważnego kryzysu politycznego, który w Hiszpanii wywołała ogromna afera korupcyjna. Szef resortu mówił wówczas: „Miałem możliwość obserwowania premiera obcego kraju w sytuacji kompletnej katastrofy. [...] Stoję na konferencji i jestem bardzo ciekawy, jak się zarządza tego rodzaju piękną katastrofą. Co ten facet powie? Pierwsza sprawa: nie spocił się. Druga sprawa to świetny komunikat, który brzmiał: »Królestwo Hiszpanii jest państwem prawa i żadne państwo nie ulega szantażowi. To wszystko, co mam do powiedzenia«". Mistrzowskie odwrócenie kota ogonem, które z podejrzanych robi ofiary, a osoby raportujące o nieprawidłowościach stawia w jednym szeregu z szantażystami.

Ironia losu sprawiła, że sytuacja podobna do opisywanej przez ministra przydarzyła się w kraju nad Wisłą. Na zorganizowanej naprędce konferencji prasowej premier Donald Tusk powiedział: „Winni muszą ponieść karę, takie są zasady. Chodzi o próbę zamachu stanu, obalenia rządu poprzez nielegalne metody. Nie chcę w żaden sposób umniejszać znaczenia informacji, które przedostały się do opinii publicznej poprzez nielegalny podsłuch. Ale po raz pierwszy po 1989 roku mamy do czynienia nie z sytuacją, że nagrywa rozmówca rozmówcę, ale ze zorganizowanym z zewnątrz podsłuchem". Potem dodał jeszcze górnolotną sentencję o tym, że nagrania to cios wymierzony w partie rządzące, a przede wszystkim w spójność państwa.

Najlepszym komentarzem do tego wystąpienia był bijący rekordy popularności w internecie dowcip. Brzmiał on następująco:

Mąż wraca z pracy do domu i zastaje zapłakaną żonę, która w nerwach pakuje swoje rzeczy do walizki.

– Co ty wyprawiasz?! – pyta zaskoczony.

– Odchodzę! Zdradziłeś mnie! – wykrzykuje żona i rzuca plikiem zdjęć, na których widać, jak uprawia on seks z kochanką.

Mąż z opanowaniem przegląda zdjęcia, po czym mówi do żony:

– Kochanie, uspokój się. Wszystko się ułoży! Musimy tylko wyjaśnić, kto te zdjęcia zrobił i dlaczego chce zniszczyć nasze małżeństwo.

To nie był jednak koniec działań rządu, który nie stąpał już po ziemi. Premier wprawił wszystkich w osłupienie, oświadczając, że poza językiem i rozmową Sławomira Nowaka jest zbudowany tym, co usłyszał na nagraniach, bowiem w jego ocenie są one… przejawem troski o Polskę. Jedno z wystąpień rozpoczął od stwierdzenia, że na zarejestrowanych rozmowach… nie ma śladu korupcji czy nieuczciwości. Po tych słowach konsternacja zapanowała nawet wśród jego najbliższego otoczenia. Zgromadzeni nie wiedzieli, czy to żart, czy też nieprzyjmowanie do wiadomości faktów. Wisienką na torcie zaserwowanym przez rządzących była wspólna konferencja ze… wspomnianym, skompromitowanym hiszpańskim premierem Mariano Rajoyem. Bohater korupcyjnego skandalu na Półwyspie Iberyjskim wyraził wówczas swoje pełne poparcie dla „kierownika": „Uważam, że nielegalne nagrania są zamachem przeciwko jednemu z podstawowych praw człowieka, czyli prawu wolności i swobody. Chciałbym, aby ci, którzy to zrobili, jak najszybciej zostali osądzeni przez prawo". Jeżeli wystąpienie Tuska było tortem, a poparcie Rajoya wisienką, to z pewnością nie chcę być uczestnikiem tego przyjęcia…

Każdy kolejny *news* w większości mediów powielał opinię, że przestępcami są nie nagrani, ale nagrywający. Pierwszym elementem walki było uczynienie z nagrywających zwykłych kelnerów. W przeciwieństwie do ministra, męża stanu czy biznesmena zawód ten nie brzmi dumnie. Profesja kelnera w Polsce jest tematem drwin i żartów. Z zawodem tym kojarzeni są studenci bądź drobni krętacze. Łatwo było to wykorzystać. Problem polegał na tym, że ani ja, ani Łukasz kelnerami nie byliśmy. Wykonywaliśmy pracę polegającą na obsłudze klientów restauracyjnych, ale mieliśmy swoje specjalizacje. Ja zarządzałem piwniczką win wartą kilka milionów złotych i dysponowałem budżetem sięgającym niemal miliona złotych w skali roku. Przygotowałem najlepszą kartę w Polsce, jedyną w historii, która otrzymała wyróżnienie prestiżowego magazynu „Wine Spectator". Łukasz miał za sobą doświadczenie jako generalny menedżer restauracji zatrudniającej kilkadziesiąt osób, a u Sowy znaczna część jego pracy polegała na budowaniu kontaktów, przygotowywaniu ofert i propozycji dla klientów VIP. Zrobienie z nas krętaczy i cwaniaczków nie stanowiło zbytniego problemu. Wszyscy zatrudnieni w branży gastronomicznej, a w szczególności kelnerzy, stali się głównymi wrogami państwa polskiego. Potwierdził to późniejszy wątek zagubionego obrazu *Gęsiarki* z Pałacu Prezydenckiego. Zarzuty z tego tytułu usłyszał... wieloletni kelner pracujący w Kancelarii Prezydenta, Jarosław G.

PRALNIA

Na konferencji prasowej dnia 16 czerwca 2014 roku premier Donald Tusk oskarżył osoby, które zarejestrowały rozmowy w restauracjach, o „złą wolę". W jego ustach słowo „nielegalne" było odmieniane przez wszystkie przypadki. Niezależnie od podsłuchów politycy, którzy nie przerywają rozmów przy kelnerach i menedżerach, muszą liczyć się z tym, że ich słowa zostaną usłyszane i wykorzystane przeciwko nim.

Łukasza politycy znali od lat. Polegali na nim, a on ich (dotąd) nie zawodził. Był na ich każde skinienie. Zajmował się z czasem nawet umawianiem spotkań biznesmenów z politykami. Ci sami politycy i biznesmeni, którzy zostali uwiecznieni na taśmach i którzy obecnie są najzagorzalszymi przeciwnikami nagrywających, wcześniej proponowali mu różnego rodzaju deale pozwalające zarobić obu stronom. Nie jest tajemnicą, że Łukasz jako menedżer saloników vipowskich i jedyna osoba odpowiedzialna za nie w restauracji Sowa & Przyjaciele miał z częstymi bywalcami bardzo dobry kontakt. Dostrzegali to niektórzy politycy powiązani z obozem rządzącym oraz biznesmeni, którzy z czasem zaczęli proponować mu lobbing na niskim szczeblu. Jego zadaniem miało być wspominanie o pewnych faktach, osobach, usługach. Jego zarobkiem miała być prowizja od zawiązanej transakcji.

Niekiedy padały również bardziej zuchwałe propozycje: otworzenie restauracji, która miałaby być pralnią pieniędzy, otworzenie fundacji w tym samym celu. O tej drugiej propozycji Łukasz opowiadał mi dość szczegółowo. Wiedział, że administrowanie jest moją mocną stroną, toteż chciał, abym uczestniczył i w tym projekcie. Zaproponował mu to biznesmen w przeszłości powiązany ze strukturami Platformy Obywatelskiej. Idea działania miała być bardzo prosta. Dzięki wykorzystaniu narzędzi internetowych i mocnych kampanii marketingowych o działalności fundacji miało się zrobić głośno w sieci, co nakierowałoby spore wpływy z przekazywanych odpisów podatkowych, głównie jednego procenta. W gąszczu tych i wielu innych wpływów pojawić się także miały dodatkowe wpłaty. Miałyby one następnie być wypłacane i wydatkowane z kasy fundacji w różnej formie.

Nasze zadanie miało polegać jedynie na zorganizowaniu wszystkiego oraz znalezieniu odpowiedniej działalności statutowej. Za naszą pracę otrzymywalibyśmy kilka procent obrotu finansowego. Te kilka procent miało wynieść nawet po milionie złotych na osobę… Propozycję odrzuciłem, ponieważ sam w przeszłości dokonywałem wielu wpłat na rzecz fundacji. Jeżeli tak wyglądało funkcjonowanie większości z tych instytucji, to nie chciałem mieć z tym nic wspólnego. Od tamtego momentu zacząłem baczniej przyglądać się działalności kilku popularnych podmiotów działających „dobroczynnie". W wielu okolicznościach ich działania i powiązania ze światem polityczno-biznesowym były co najmniej zastanawiające.

NIE WIEM, NIE PAMIĘTAM, ZAROBIONY JESTEM

Po pierwszych publikacjach w tygodniku „Wprost" i skierowaniu oczu wszystkich zainteresowanych na restaurację Sowa & Przyjaciele głównym podejrzanym uczyniono menedżera VIP roomów w niej się znajdujących. Stali bywalcy prywatnych salek nabrali wówczas wody w usta i szybko zaczęli wypierać się kłopotliwej znajomości z Łukaszem. I w mediach, i podczas przesłuchań konsekwentnie spłycali poziom swoich relacji z nim. Jeden z tabloidów niebawem opublikował jednakże treść SMS-a wysłanego przez Łukasza do pewnego polityka z zaproszeniem do restauracji Sowa & Przyjaciele.

Ani adresat owej wiadomości, ani cała rzesza innych osób nie wspomina o dziesiątkach wymienianych SMS-ów, zdjęć czy o fakcie, że są z Łukaszem na „ty", a nie „per pan". Obcesowo traktowanemu kelnerowi nie wysyła się przecież zdjęć z wakacji, MMS-ów z życzeniami czy choćby zwykłego „co słychać?". Nie daje się mu również w prezencie nowego iPhone'a czy innych ekskluzywnych gadżetów. Nikt z podsłuchanych polityków nawet na ten temat się nie zająknął. Sławomir Nowak, Piotr Wawrzynowicz i Tomasz Misiak rozpoznawali podczas przesłuchań w prokuraturze kelnera, ale zadziwiający był fakt, że używali przy tym stwierdzeń: „wydaje mi się" i „chyba". Załączone do akt SMS-y wymieniane między Łukaszem a politykami i biznesmenami zadają kłam ich oficjalnym stanowiskom.

NA „WPROST”!

Do redakcji „Wprost” Agencja Bezpieczeństwa Wewnętrznego przybyła 18 czerwca i zażądała wydania nośników zawierających zarejestrowane rozmowy. Środowisko dziennikarskie szybko skrzyknęło się między sobą. Z mojej perspektywy był to pewien rodzaj obustronnego przedstawienia, w którym zdecydowanie lepiej zaprezentowali się żurnaliści. Atak na niezależny tygodnik był pokazem słabości organów państwowych.

Akcja rozpoczęła się po południu. Do redakcji wkroczyli funkcjonariusze ABW w towarzystwie naczelnika Wydziału V warszawskiej prokuratury na Pradze. Oficjalnym powodem było odebranie nośników z plikami, które pomogłyby służbom zidentyfikować autorów nagrań. Organy państwowe nie dysponowały żadnymi dowodami, jednak nie przeszkodziło im to w postawieniu zarzutów już dzień wcześniej. Akcja we „Wprost” była pokazem słabości i tego, że „państwo polskie istnieje tylko w teorii”. Nieudolne próby wyszarpania komputera redaktorowi naczelnemu i przepychanki w siedzibie dopełniły tego obrazu.

Wiele tygodni później jedna z policjantek CBŚ powiedziała mi prywatnie, że była to najmniej profesjonalna akcja, jaką widziała. Według niej wystarczyło rozdzielić dziennikarzy i rozmawiać z każdym z osobna.

Sposób przeprowadzenia akcji został skrytykowany przez media, Helsińską Fundację Praw Człowieka, OBWE oraz Ministerstwo Sprawiedliwości. „Działania prokuratury w redakcji »Wprost«

były zbyt daleko idące i mogły budzić uzasadnioną obawę naruszenia tajemnicy dziennikarskiej" – oceniło ministerstwo w informacji z 20 czerwca.

Walka w redakcji była wizerunkową katastrofą. Pokazywała desperację i niemoc.

BOMBOWA TORBA

O biciu głową w mur przez ABW świadczy też bezsensowna akcja z użyciem wozów bojowych i antyterrorystów, która odbyła się w Pałacu Sobańskich. Zeznając przed prokuraturą 24 czerwca, byłem pozbawiony wszelkich dokumentów. Zostały one w szafce pracowniczej razem z perfumami, iPadem i maścią na alergię skórną.

Aby potwierdzić moją tożsamość do protokołu, przesłuchujący mnie prokurator musiał zobaczyć jakikolwiek mój dokument tożsamości. Zasugerowałem, że mogę poprosić znajomą o dyskretne wyniesienie moich rzeczy z restauracji. Kluczyk do szafki miałem cały czas przy sobie. Ochraniający mnie funkcjonariusze mieli jej go przekazać. Wszystko sprawiało wrażenie prostego i bezproblemowego rozwiązania aż do momentu, gdy policjanci z CBŚP zadzwonili do niej. Napięcie i stres spowodowały, że nie była dyskretna i szybko została zauważona przez kierownictwo, a następnie zmuszona do pozostawienia mojej torby na miejscu.

Gdy sprawa wydawała się zablokowana, do akcji wkroczyli funkcjonariusze Agencji Bezpieczeństwa Wewnętrznego. Dwa samochody i kilkunastu antyterrorystów wtargnęło na teren Pałacu Sobańskich. Mając na podsłuchu telefon mojej znajomej, postanowili bez porozumienia z prokuraturą i CBŚP samodzielnie przechwycić ów niebezpieczny ładunek, jakim była moja torba. Musieli się przecież jakoś wykazać przed swoim generałem i przed szefem generała, czyli ministrem spraw wewnętrznych…

Wszystkim przekazano, że miejscu i jego pracownikom grozi… atak terrorystyczny! Zaleceniem dowodzącego akcją było, aby każdy, kto może pozwolić sobie na ochronę, zatrudnił ją. Tym, których na to nie stać, zalecił wzmożoną ostrożność. Cała akcja przebiegła po raz kolejny i chaotycznie, i widowiskowo…

Głównym łupem stała się moja torba wielkości A4 z dokumentami i iPadem. Po sprawdzeniu, że w szafce oprócz torby miałem jeszcze spodnie, buty i koszulę, akcja straciła impet i początkowy rozpęd. Gdy się o tym dowiedziałem, miałem w głowie jedną myśl: że zapach przechodzonych i śmierdzących butów kelnerskich, który wypełniał szatnię pracowniczą, funkcjonariusze ABW zapamiętają na długo…

Moja torba wraz z dokumentami i lekami zniknęła na ponad miesiąc… Odzyskałem ją dopiero po powrocie z programu ochrony osób zagrożonych. Oczywiście nie stało się to od razu. Przez niemal dwa tygodnie byłem pozbawiony dowodu osobistego. Pozostałe dokumenty otrzymałem od prokurator Anny Hopfer dopiero po przeszło miesiącu i kilkunastu telefonach oraz niemal błagalnych prośbach. Za każdym razem słyszałem: „Nie", „Nie teraz" i: „Jestem zajęta". Prawo jazdy, kluczyk do samochodu, pieniądze i karty kredytowe znajdujące się w moim zabezpieczonym przez ABW portfelu były dla śledczych tak ważnym dowodem, że możliwie najdłużej wstrzymywali się z ich oddaniem.

14. RACHUNEK

SŁUŻBA NIE DRUŻBA

W związku z aferą taśmową podpisałem wiele dokumentów, które widziałem tylko w jednym egzemplarzu. Każdy z nich kończył się klauzulą, z której wynikało, że upublicznienie jego treści grozi karą pozbawienia wolności do lat dwóch. Opiszę zatem to, co nie niesie ze sobą dodatkowej odpowiedzialności karnej.

Nigdy nie spotkałem się z rzeczywistym zleceniodawcą. O nagraniach rozmawiałem tylko z Łukaszem. Znałem ustaloną hierarchię. On był łącznikiem i kontaktem. Ja miałem określone zadania do wykonania, a on zajmował się resztą. On inicjował (my używaliśmy terminu „wywoływał") spotkania i rozmawiał z „górą", czyli między innymi „Wujkiem", jak nazywaliśmy Marka Falentę, którego Łukasz miał informować o nagraniach.

Udział tego ostatniego budził moje podejrzenia. Zastanawiające dla mnie było, dlaczego człowiek pretendujący do najwyższych lokat na liście najbogatszych Polaków miałby angażować się w takie przedsięwzięcie. Groziło to biznesowym samobójstwem. W aktach sprawy wyczytać można, że jedna z rozmów dotyczyła wewnętrznych spraw spółki Hawe kontrolowanej przez Falentę. Jej treść według Łukasza sugerowała na spisek przeciwko biznesmenowi zaaranżowany przez Grażynę Piotrowską-Oliwę. Czy gdyby Falenta rzeczywiście wiedział o tym, to nie odsunąłby niebezpiecznej dla niego prezes ze spółki? Osobiście, jak i pośrednio poprzez podmioty z nim powiązane, posiadał kilkadziesiąt procent akcji, więc zmiana na stanowisku nie powinna stanowić dla niego problemu. Tak się jednak nie stało. Pani prezes pożegnała się ze swoim stanowiskiem dopiero po sprzedaży akcji nowemu właścicielowi – z końcem lipca 2014 roku, a więc półtora miesiąca po wybuchu afery taśmowej.

Sam Łukasz częściej niż o „Wujku" mówił o służbach i o swoich układach z nimi. Pracując w restauracji Lemongrass, miał z nimi częsty kontakt. Wspominał, że dostał nawet propozycję współpracy od jednego z pułkowników. Na drodze do tego stanęła jednak niekaralność. Łukasz miał na koncie wyrok skazujący w zawieszeniu za incydent drogowy. Było to prowadzenie samochodu pod wpływem alkoholu, jednak mówił o tym niechętnie, a ja nie dopytywałem. Kwestia podsłuchów dotyczyła także czasów wcześniejszych niż Sowa & Przyjaciele. Po zamknięciu restauracji Lemongrass wiele osób potwierdziło istnienie skrytek i instalacji umożliwiającej potajemne nagrywanie spotkań w salonikach vipowskich. Sam Łukasz w swoich zeznaniach w Prokuraturze Warszawa-Praga poinformował, że kontaktował się z nim w tej sprawie kontrwywiad i przeprowadzał rozpoznanie. Twierdził nawet, że ma swój kryptonim operacyjny. Były to dla mnie tematy nieistotne. Nie wymagałem potwierdzeń i dowodów. Forma naszej współpracy i zaufanie, jakim darzyłem Łukasza, były dla mnie wystarczającymi przesłankami potwierdzającymi pracę właśnie dla służb.

Obecnie rola Łukasza w tej sprawie nie jest dla mnie jednoznaczna. Świadczą o tym chociażby jego zeznania. Są chaotyczne, a zarazem nie przedstawiają pełnego obrazu sytuacji. Moją uwagę zwrócił fakt, że nie pamiętał dat, imion, nazwisk, a z drugiej strony podawał dokładne numery telefonów czy istotne szczegóły. Wczytując się w protokoły, zauważyć można także, że jego wyjaśnienia często są pokrętne i sprzeczne ze sobą. 28 sierpnia 2014 roku zeznał o swoich kontaktach z Vladimirem Zanderem i jego synem Antonem. Po kilku zdaniach pojawia się zaś informacja o kontaktach jego i Antona, syna Ksawerego, co jak można domniemać z treści protokołu przesłuchania, jest oczywistą pomyłką, bo chodzi o Ksawerego Wyrożemskiego i Antona Zandera, którzy nie są spokrewnieni. Takich nieścisłości w zeznaniach Łukasza jest bardzo wiele.

Podobne problemy pojawiły się także podczas próby znalezienia zatopionych nośników. Kilkudniowe poszukiwania spełzły na niczym, ponieważ Łukasz wielokrotnie zmieniał zdanie i nie mógł sobie przypomnieć miejsca, w którym pozbył się pendrive'ów.

DYSPENSA DLA SŁUŻB

O udziale służb w procederze podsłuchiwania rozmów najważniejszych ludzi w Polsce świadczą nie tylko niewyjaśnione powiązania ABW, CBA i CBŚP z Markiem Falentą i innymi, których media okrzyknęły „grupą podsłuchującą władzę". Udział służb dobitnie potwierdzają także słowa nagranych polityków. Podczas rozmowy Aleksandra Kwaśniewskiego, byłego prezydenta RP, z jego przyjacielem i wieloletnim współpracownikiem Ryszardem Kaliszem padają znamienne słowa na temat restauracji Dyspensa mieszczącej się na ulicy Mokotowskiej w Warszawie.

Aleksander Kwaśniewski: Panowie. Po pierwsze informuję was uprzejmie... Ja wiem, że lubicie tę knajpę, i ja też tam czasami bywałem. Rzadko.

Ryszard Kalisz: Panie dyrektorze – na podsłuchu...

Aleksander Kwaśniewski: Na pełnym, pełnym.

Gerard Piątkowski [prawdopodobnie]: Tym bardziej że tam się Platforma spotyka.

Aleksander Kwaśniewski: Nie, no. Od lat. Niestety poddał się temu Przybora [Tomasz, właściciel restauracji – przyp. aut.]. Czyli ten pierwszy i on pozwolił... I on pozwolił na to, i oni tam założyli to, i to działa. Wiesz, oczywiście to nie jest tak, że podsłuchują wszystkich, bo to bez sensu. Ale jeżeli mają osoby, które ich interesują... [...] To mają tam pełny sprzęt. I dlatego to trzeba omijać jak diabli.

Włodzimierz Wapiński [prawdopodobnie]: I dlatego jak wchodzimy, to rozmawiamy o dupie Maryni.

KUPIĄ, SPRZEDADZĄ, ZDRADZĄ, ZNISZCZĄ... I BUDKĘ POD AMBASADĄ SPALĄ

Informacja o prowadzonej przez służby działalności podsłuchowej nie była jedyną, która została przemilczana. Temat potencjalnej korupcji w Ministerstwie Obrony Narodowej, o której miał poinformować Ryszarda Kalisza generał Janusz Nosek, został szybko zepchnięty na boczny tor i zastąpiony nieznaczącymi fragmentami rozmów na temat kobiet.

Fragment rozmowy, który z mojej perspektywy był szczególnie istotny, to wywód byłego prezydenta na temat całkowitej demoralizacji i wynaturzenia organów państwowych. „Trzy najbardziej zdemoralizowane instytucje w Polsce to po pierwsze – prokuratura, po drugie – służby specjalne, po trzecie – telewizja publiczna. [...] Te trzy instytucje – kupią, sprzedadzą, zdradzą, zniszczą" – mówił Aleksander Kwaśniewski.

W kontekście rozmowy byłych działaczy Sojuszu Lewicy Demokratycznej nie można nie wspomnieć o domniemanych zarzutach korupcyjnych wobec Tomasza Siemoniaka, które opisał Ryszard Kalisz.

Ryszard Kalisz: Nie bierzesz, Sławek [rozmówca niezidentyfikowany oficjalnie, w aktach sprawy funkcjonuje jako NN – przyp. aut.], pod uwagę jednej rzeczy, że tak się dziwnie złożyło, że na czele wszystkich służb stoją moi znajomi i wychowankowie.

Aleksander Kwaśniewski: Ty lepiej tego nie mów. Głośno.

Ryszard Kalisz: Ja tego na pewno nie mówię głośno, a jeszcze powiem ci jedną rzecz. Wszystko wskazuje na to, że uda mi się doprowadzić do jeszcze jednej sytuacji. Ale nie takiej, że mnie. Bo ja tam odgrywam rolę bardzo podskórną, że kolejny mój wychowanek stanie na czele SKW. Powiem ci jeszcze więcej, i to, chłopaki, zobowiązuję was do tajemnicy. Całkowitej i do grobu, że jak Janusz Nosek się po naszej wizycie w Ukrainie, na Ukrainie, w Jałcie ze mną spotkał, to on ma dowody na korupcję dużo wyżej.

Aleksander Kwaśniewski: Czyli?

Ryszard Kalisz: Siemoniak co najmniej. I bardzo duże podejrzenia jeszcze wyżej.

Aleksander Kwaśniewski: Czyli?

Ryszard Kalisz: Nie mówmy o tym. To są na razie poszlaki. Rozumiesz. On mi je przedstawił, pokazał. I one są, rozumiesz. Także tu jest gra na najwyższym szczeblu.

Aleksander Kwaśniewski: Z tego wynika jeden wniosek. Bezpiecznie. Że prowadzisz samochód tylko z kierowcą. Dokładnie. [...]

Ryszard Kalisz: Ja powiem szczerze w poniedziałek, w Ukrainie nie mogłem. W poniedziałek było spotkanie z Januszem Noskiem. Oczywiście w miejscu, nazwijmy to, zakamuflowanym. Nikt o tym nie wie. [...] Naprawdę to, co on mi powiedział. I powiedział mi o przesłankach tego wszystkiego. Tam Skrzypczak [generał Waldemar Skrzypczak – przyp. aut.] to mały pikuś.

Aleksander Kwaśniewski: Co się dziwisz, Sławek też myśli o przyszłości. [...]

Ryszard Kalisz: Na Siemoniaka ma dowody.

Aleksander Kwaśniewski: Dobrze, jakby powiedzieć, jak mówię, jak mi leży na sercu, to ty. Pamiętaj, że jesteś w tej chwili w centrum erupcji. W związku z tym bądź rozsądny. A jednocześnie – masz dla kogo żyć.

Ryszard Kalisz: No właśnie, to najważniejsze. [...] To, że ja posiadłem taką wiedzę, wie Janusz Nosek i jego zastępca. To są funkcjonariusze służb...

Nietrudno się domyślić, że naciskany przez media Kalisz zdementował swoje wcześniejsze stanowisko i stanowczo zaprzeczył sam sobie. Zastanawiające są zatem ostrzeżenia Aleksandra Kwaśniewskiego o „jeżdżeniu samochodem jedynie z kierowcą" i „zachowanie rozsądku" w związku z zagrożeniem czyhającym na posiadającego zbyt dużą wiedzę polityka.

Niedwuznaczna rola służb poruszona została także w rozmowie szefa Centralnego Biura Antykorupcyjnego z wicepremier Bieńkowską. Wypowiedział on wówczas wielce zastanawiające słowa na temat incydentu podpalenia budki przed ambasadą rosyjską podczas Marszu Niepodległości.

Paweł Wojtunik: Znaczy Bartek [Sienkiewicz - przyp. aut.] ma ze mną taki problem, że Bartek nauczył się zarządzać wszystkimi przez telefon. Nawet jak siedzieliśmy na tej trybunie [podczas uroczystości 4 czerwca 2014 roku z udziałem prezydenta Stanów Zjednoczonych Baracka Obamy - przyp. aut.], to szef BOR-u do niego z telefonem, czy śmigłowiec nie może dalej latać. No, ja pierniczę. No to minister. Jak on by do mnie zadzwonił, czy śmigłowiec może dalej latać, czy nie, to jakbym go pierdyknął telefonem...

Elżbieta Bieńkowska: Naprawdę? (śmiech do rozpuku)

Paweł Wojtunik: Stołeczny dostaje telefon, żebyśmy...

Elżbieta Bieńkowska: (przerywa mu) Ale jaja! Ale jaja! Ale jaja!...

Paweł Wojtunik: No widzisz... Ale facet nauczył ich, że dzwoni i im rozkazuje. I tak samo poszli, i spalili budkę pod ambasadą, bo minister osobiście wymyślił taką... Wiesz, z takiego...

Elżbieta Bieńkowska: Taką koncepcję, tak, tak.

Paweł Wojtunik: Z takiego zarządzania ręcznego są same problemy. Tym bardziej dla ministra, który nie ma takich uprawnień, on nie ma uprawnień...

W reakcji na opublikowane nagrania i postawione niewygodne pytania szef CBA uznał Sienkiewicza za… patriotę, a doszukiwanie się czegokolwiek w jego słowach za nadinterpretację i grę polityczną.

15. NIESTRAWNOŚĆ

CZY WIESZ, ŻE CHCĄ CIĘ ZABIĆ?

Około południa 23 czerwca 2014 roku zadzwonił do mnie numer zastrzeżony. Nie miałem w zwyczaju odbierać takich połączeń, szczególnie wobec rozwoju wydarzeń, jednak ciekawość sprawiła, że nacisnąłem zieloną słuchawkę. To był Łukasz. Mówił niemal płaczącym głosem, że muszę mu pomóc i potwierdzić jego wersję. W przeciwnym razie miało mu grozić ogromne niebezpieczeństwo. Powiedział, że wyśle po mnie ludzi czarnym, niewzbudzającym podejrzeń samochodem. Nalegał, abym do niego wsiadł. Poczucie lojalności sprawiło, że nie wahałem się ani chwili.

Nie wiem, czy Łukasz zrobiłby dla mnie to samo, ale ja wolałem wierzyć w słuszność zasady stosowanej przez amerykańskich żołnierzy *live together, die together*. Czekając na samochód, nerwowo przechadzałem się wzdłuż ulicy, starając się uniknąć spotkania kolegów z pracy. Po kilku minutach na skrzyżowanie Alej Ujazdowskich i alei Róż podjechała czarna toyota corolla. Nie miała rejestracji ani kołpaków. Wyglądała dość podejrzanie. W środku siedziało czterech mężczyzn. Gdy samochód się zatrzymał, jeden z mężczyzn wysiadł i zdecydowanym ruchem zaprosił mnie do środka.

Dopiero wtedy zdałem sobie sprawę z beznadziejności własnego położenia. Nie wiedziałem, kim są i czym się zajmują. Żaden z nich nie pokazał mi odznaki ani się nie przedstawił. Żaden z nich nie odezwał się słowem. W samochodzie panowała grobowa i przerażająca cisza. Moją czujność dodatkowo wzbudził fakt, iż nerwowo sprawdzali, czy nikt nie śledzi samochodu. Ściśnięty na środku tylnej kanapy, pomiędzy dwoma rosłymi mężczyznami, miałem w głowie tysiąc myśli. Nieco uspokoiłem się, gdy dotarliśmy do siedziby Komendy Głównej Policji przy ulicy Puławskiej. Podjechaliśmy od tyłu budynku. Dopiero wtedy zobaczyłem, że mają odznaki i karty chipowe niezbędne do wejścia na teren komendy.

Tylnymi drzwiami zostaliśmy wprowadzeni do znajdującego się na ostatnim piętrze Wydziału do Spraw Zwalczania Aktów Terroru. Już sama nazwa brzmiała groźnie i zwiastowała nieciekawą kontynuację. Jeden z mężczyzn wprowadził mnie do pokoju człowieka dowodzącego operacją. Wszyscy zwracali się do niego per „Dragon". Przywitał się i podał mi rękę. W pokoju było także trzech innych mężczyzn oraz Łukasz. „Dragon" szybko przeszedł do rzeczy.

Na stole leżała kartka, na której nakreślony był schemat działania. Jego centralnym elementem był Marek Falenta. Od biznesmena odchodziła strzałka prowadząca do jego szwagra Krzysztofa Rybki oraz Łukasza. Od niego zaś wychodziła strzałka prowadząca do mnie. Nad nazwiskiem głównego podejrzanego były także pytajniki sugerujące możliwość istnienia ważniejszego niż biznesmen zleceniodawcy. Taki schemat został mi przedstawiony i dokładnie omówiony. O Falencie Łukasz nie powiedział nigdy wprost, że to on zlecał nam nagrywanie. Raczej wymieniał go w kontekście współpracy ze służbami. Nie spotkałem się z nim nigdy. Obsługiwałem go zaledwie raz, podając mu wówczas wino.

Osoba Krzysztofa Rybki była mi zaś zupełnie obca. Aż do tamtego dnia nie wiedziałem o jego istnieniu. Wiele wypowiedzianych tam słów było dla mnie absolutnym zaskoczeniem. Słyszałem je po raz pierwszy. Dotyczyło to nie tylko inspiratorów nagrań, lecz także ich formy oraz wynagrodzenia. To w tamtym pokoju usłyszałem, że Łukasz pobierał wynagrodzenie za mnie i za siebie. Było to siedem i pół tysiąca złotych miesięcznie plus liczne bonusy. Płacone było każdorazowo gotówką w banknotach po sto i pięćdziesiąt złotych. Byłem tym zdumiony, bowiem z mojego „ustawowego honorarium w wysokości 2500", jak je określał Łukasz, do mojego portfela ani na konto nie wpłynęła nawet złotówka. Nie robiłem tego dla pieniędzy i ta informacja mnie niesamowicie rozsierdziła.

W pierwszym momencie wykrzyknąłem do Łukasza:

– Domyślałem się, że mnie dymasz na kasie przy sprzedaży win, ale brałeś pieniądze za moje nagrania?!

Wśród siedzących w pokoju funkcjonariuszy rozległ się gromki śmiech. Poczułem się jak naiwny kretyn walczący z wiatrakami.

Punktem kulminacyjnym było jednak przejście do zagrożenia życia i nacisk na współpracę. „Dragon" powiedział wówczas, że chętnie pokaże mi zdjęcie Białorusina, który za dziesięć tysięcy miał mnie skrócić o głowę. Mówił o tym w sposób, jakby takie rzeczy działy się codziennie. Przedstawiał także bardziej drastyczne wersje rozwoju wypadków. Wspominał, że od kilku dni samochód na zagranicznych numerach rejestracyjnych poruszał się za Łukaszem, nie odstępując go na krok. Ten kiwnięciem głowy potwierdził jego słowa. Dowodzący dodał na zakończenie, że moja obecność jest całkowicie dobrowolna, ale jeżeli wyjdę, to zostanie przeprowadzona akcja pokazowa i nie będzie tak przyjemnie jak teraz. Mówił o areszcie i nocnych zamiarach kolegów z celi… Swój wywód zakończył słowami: „No to teraz zeznacie to, co ustaliliśmy do notatki służbowej, a później prokuratorowi".

Miałem dwadzieścia siedem lat. Nigdy nie byłem karany. Jedynymi moimi wykroczeniami były mandaty za przekroczenie prędkości i przechodzenie przez jezdnię w miejscu niedozwolonym. Informacje o możliwym zabójstwie czy aresztowaniu wywołały ogromny stres. Bardziej doświadczeni i mądrzejsi ode mnie postępują w takich sytuacjach nieracjonalnie. Strach sparaliżował moje logiczne myślenie i obiektywną ocenę sytuacji. Nie chciałem nikogo angażować do pomocy. Wyznawałem zasadę, że skoro sam się w tę sytuację wplątałem, to sam z niej się wyplączę.

AKCJA „WUJEK" I SPADEK AKCJI

W pokoju Wydziału do Spraw Zwalczania Aktów Terroru byłem świadkiem wielu rozmów funkcjonariuszy Centralnego Biura Śledczego Policji. Jedną z pierwszych zasłyszanych była ta tuż po spisaniu naszego protokołu przesłuchań. Była to typowa nagonka na „Wujka", jak nazywano Marka Falentę. Na wyrysowanym przez oficerów schemacie był on na szczycie piramidy afery taśmowej. Jego powiązania z sektorem węglowym i rosyjskimi firmami dawały rządzącym doskonałą okazję do wplątania w aferę Rosjan.

Media szybko dotarły do „pisanych cyrylicą" powiązań „węglowego barona", jak okrzyknięto Falentę. Szybko potwierdzono zaangażowanie rosyjskiego kapitału w restauracji Lemongrass, gdzie wcześniej pracował Łukasz, a nawet wyciągnięto Robertowi Sowie specyficzny adres zarejestrowania spółki. Formalnie mieściła się ona w wieżowcu przy ulicy Sobieskiego 100. Był to legendarny budynek należący do Federacji Rosyjskiej, nazywany „Szpiegowem". Z racji zwolnienia z opłat podatkowych oraz mieszczącego się pod tym samym adresem Clubu 100, do którego biletem wejściowym był jedynie rosyjski paszport, lokalizacja ta wzbudzała spore kontrowersje.

Aż dziwne, że mnie nikt nie wytknął, że w trakcie studiów uczyłem się języka rosyjskiego i wielokrotnie wyjeżdżałem na wschód.

Nagonka na Marka Falentę była zaplanowana na duże widowisko. Świadczą o tym zdjęcia, a nawet filmy z policyjnej akcji jego zatrzymania. I późniejsze żarty funkcjonariuszy. Mówili między sobą, że chętnie porozmawiają z „Wujkiem", ale dopiero jak odzyska słuch, co pewnie jeszcze chwilę potrwa, bo hukowa amunicja zrobiła bardzo dobrą robotę. Szybko doprowadzono do konfrontacji Łukasza z Falentą. Nie dowiodła ona absolutnie niczego.

Potem było spotkanie zatrzymanego biznesmena z pewnym funkcjonariuszem Centralnego Biura Śledczego Policji zaraz po opuszczeniu przez Falentę aresztu. Policjant przekazał wówczas, że służby wszelkiego rodzaju będą prześwietlały biznesmena tak długo, aż przyzna się do zarzucanych czynów. Nawet przejście na czerwonym świetle miało być dla niego incydentem bardzo groźnym w swych konsekwencjach. Do spotkania tego doszło... w jednej z podwarszawskich restauracji.

Efektem owych niedyskretnych działań funkcjonariuszy były gwałtowne spadki akcji notowanych na giełdzie spółek z portfela Marka Falenty. Ja również dotkliwie je odczułem. Napiwki przeznaczałem bowiem na inwestycje giełdowe. Uczyłem się giełdy i grałem niewielkimi kwotami. Za namową Łukasza zainteresowałem w jedną ze spółek z branży górniczej, której akcjonariuszem był „Wujek". Łukasz mówił o niej w kontekście zmian i restrukturyzacji oraz wskazywał na wyraźny trend zwyżkowy. Miał o niej rozmawiać właśnie z Falentą. To on miał mu zasugerować zakup niewielkiej liczby akcji. Łukasz zaś zasugerował go mnie. W efekcie straciłem na inwestycji znaczną sumę pieniędzy. Nie zrekompensowały jej inne zyski giełdowe. Do parkietu zraziłem się bezpowrotnie. Giełda i papierosy z pewnością nie staną się moim nałogiem.

Skrupulatnie prowadzone przez warszawską Prokuraturę Okręgową śledztwo nie dostarczyło jednak żadnych dowodów na moje inwestycje giełdowe. Pomimo podania wszelkich szczegółów śledczy nie byli w stanie odnaleźć mojego rachunku maklerskiego... Nas, jako osoby podejrzewane o nagrywanie rozmów polityków i biznesmenów, posiadanie akcji obciążało dodatkowo i uczyniono z tego jeden z dowodów przeciwko nam potwierdzających pracę na zlecenie Marka Falenty.

Zaś prywatyzacja CIECH SA i duże zakupy akcji robione przez członków zarządu spółki tuż przed nią nie wzbudziły żadnego zastanowienia śledczych. W momencie nabycia udziałów spółki Skarbu Państwa przez Jana Kulczyka ich cena oscylowała pomiędzy trzydzieści trzy a trzydzieści siedem złotych. W szczytowym momencie, półtora roku później, jedna akcja wyceniana była zaś na ponad osiemdziesiąt pięć złotych. Czyżby osoby, na których wybór do zarządu mieli wpływ ministrowie, podejrzewały tak gwałtowny wzrost cen akcji?

ZROBIĄ Z CIEBIE PEDAŁA I PEDOFILA

Dopiero po kilku tygodniach dostrzegłem proste triki psychologiczne stosowane przez funkcjonariuszy. Ich pierwsza pozaprotokołowa rozmowa ze mną rozpoczęła się od mocnego ataku, ale później przybrała łagodniejszy, niemal przyjacielski ton. Główną konkluzją był brak alternatywy dla mnie. Propozycja CBŚP brzmiała w dużym uproszczeniu tak: „Albo będziesz pracował z nami, albo będziesz miał przejebane". „Dragon" chciał, abyśmy poczuli, że jest po naszej stronie, i tak też się poniekąd stało. Jego zdaniem tylko współpraca zapewni nam spokój i bezpieczeństwo. Jako głównego przeciwnika podawał najpierw wynajętych zabójców, a później media. Sugerował, że tabloidy zrobią ze mnie i z Łukasza… „pedałów, którzy mszczą się za nie wiadomo co". Inną wersją przewidywanej przez niego przyszłości było „odnalezienie materiałów na przykład z dziecięcą pornografią na naszych komputerach". Nieważny miał być tu fakt, że komputery pływały roztrzaskane w Wiśle. Dowody miały się znaleźć. Ze strony funkcjonariuszy ewidentne było prowadzenie gry. Świadczyło o tym chociażby przyniesienie mi kilku kawałków pizzy jako nagrody po wielogodzinnym przesłuchaniu i złożeniu zeznań zgodnie z wcześniejszymi ustaleniami.

Naiwnie wówczas wierzyłem w propozycję uzyskania statusu świadka. W pierwszej kolejności była to sugestia statusu świadka koronnego. Dowodzący opisał to dość szeroko. Mówił o zagrożeniu naszego życia i tym, że mamy cenne informacje, które należy chronić. Kiedy stanowczo przerwałem ten wątek, gdyż status świadka koronnego mnie zupełnie nie interesował, „Dragon" zapewnił, że w takim razie będziemy zeznawali jedynie w charakterze świadków. Przedstawił to jako pewnik i powiedział, że najważniejsi są zleceniodawcy całej akcji. Za pomoc w ich ujęciu mieliśmy uzyskać właśnie taki status, a nie zarzuty.

Po niemal czternastu godzinach pobytu w siedzibie Centralnego Biura Śledczego na Puławskiej przejęli mnie funkcjonariusze z grupy ochrony osób zagrożonych. Oddałem im swoje telefony komórkowe, prywatny i służbowy, oraz podpisałem kolejny szereg dokumentów zabraniających mi informować o technikach pracy operacyjnej. Zazwyczaj taka ochrona przydzielana jest na wniosek osoby, która czuje się zagrożona. W moim przypadku wniosek ten napisany został po fakcie, niejako na polecenie funkcjonariuszy. Skorzystanie z programu ochrony osób zagrożonych oraz współpraca z funkcjonariuszami i prokuraturą zostały mi przedstawione jako jedyna bezpieczna dla mnie opcja. Nikt nie zaproponował mi możliwości skorzystania z adwokata czy konsultacji z osobami znającymi się na prawidłowościach podczas takich postępowań. Wszystko otoczone było wielką tajemnicą i odbywało się w pełnej konspiracji.

Była to domena tejże służby, która wzbudzała nawet zainteresowanie wśród funkcjonariuszy innych wydziałów. Wielokrotnie wypytywali mnie oni o to, gdzie spałem, co jadłem, jak dotarłem na miejsce. Ja zgodnie z podpisanymi deklaracjami musiałem, niczym w popularnej grze, odpowiadać na każde pytanie „pomidor”.

PARAGRAF DWIEŚCIE SZEŚĆDZIESIĄTY SIÓDMY PUNKT TRZECI KODEKSU KARNEGO

Następnego dnia przewieziony zostałem do siedziby Prokuratury Okręgowej Warszawa-Praga przy ulicy Bródnowskiej. Atutem programu ochrony była możliwość dotarcia tam w sposób niezauważony dla setki dziennikarzy koczujących przed budynkiem. Techniki nie były skomplikowane, ale skuteczne. Szybko dotarłem do prokuratora i już na wstępie otrzymałem dwie kartki formatu A4. Jedna mówiła o prawach i obowiązkach podejrzanego, druga zaś zawierała postawione mi zarzuty.

Sytuacja, którą mi przedstawiono dnia poprzedniego, różniła się w sposób diametralny od tego, co zastałem. W treści mojego zarzutu wymieniano głównie rozmowy, które zarejestrowane zostały w restauracji Sowa & Przyjaciele. Nie pracowałem tam przecież.

– To nieistotne – odparł na moje wątpliwości prokurator.

W trakcie późniejszych przesłuchań zaobserwowałem dwie istotne kwestie. Pierwszą, mniej brzemienną w skutkach, było nieumiejętne posługiwanie się poprawną i zrozumiałą polszczyzną. Liczba błędów ortograficznych, stylistycznych, a także toporność zdań sprawiały, że ciężko było czytać protokoły z własnych przesłuchań.

Druga kwestia niosła za sobą znacznie dotkliwsze konsekwencje. Powszechność stosowania tego zabiegu potwierdził dopiero znajomy mecenas. Było to obiecywanie i gra na swoją stronę przez prokuraturę i kontaktujących się ze mną funkcjonariuszy. Zapewnienia, które okazywały się później bezwartościowe, pomagały prokuraturze w umacnianiu swojej pozycji. Wielokrotnie słyszałem informacje o złagodzeniu wymiaru grożącej mi kary, choćby poprzez zastosowanie paragrafu sześćdziesiątego kodeksu karnego. Mówił on o nadzwyczajnym złagodzeniu kary w przypadkach, gdy podejrzani współpracują i pomagają w wykryciu sprawców wykroczeń i przestępstw. Działo się tak w naszym przypadku, jednak prokuratura pozostawała głucha na moje prośby. Równie głucha jak w przypadku podań o udostępnienie zeznań, nawet moich własnych.

Zdystansowanie się od sytuacji poprawiło trzeźwość mojego myślenia i spowodowało chęć uzupełnienia i sprostowania wielu opisanych wątków. Aby to jednak uczynić, chciałem najpierw zapoznać się z treścią protokołów. Kilkukrotne prośby składane ustnie pozostawały bez odzewu. Nie otrzymałem nawet odpowiedzi negatywnej. Nie otrzymałem żadnej odpowiedzi, aż do ponowionej próby pod koniec kwietnia 2015 roku. Było to niemal dziesięć miesięcy później.

W tym kontekście śmiech jednego z prokuratorów Wydziału V i znamienne słowa: „Ale wpakowałeś się w gówno, nie wygrzebiecie się z tego" nabierały innego znaczenia. Ostatecznie przesłany do sądu akt oskarżenia nawet w jednym zdaniu nie wspomina o mojej współpracy i intencjach. Postawiono mi więcej zarzutów niż założycielowi Amber Gold, Marcinowi P. Błędy wynikające z pośpiechu i prawdopodobnych nacisków spowodowały, że ciążą na mnie zarzuty za każdą nagraną rozmowę, a nie za czynność ciągłą. To tak, jakby osobę podejrzaną o włamanie do warzywniaka oskarżać osobno z tytułu kradzieży cebuli, a osobno za pomidory czy buraki.

NUREK W BAJORZE

Po przesłuchaniu wróciłem razem z ochraniającymi mnie funkcjonariuszami do „bezpiecznego miejsca". Jeden z nich włączył telewizor i ustawił na program TVN24. Relacjonowano akurat przebieg sejmowej debaty nad wotum zaufania dla rządu Donalda Tuska. Premier w wystąpieniu mówił o wątku pisanym obcym alfabetem oraz o zorganizowanej grupie. Wszystko to sprawiało wrażenie poważnej, międzynarodowej intrygi. Reakcją jednego z policjantów był komentarz: „No popatrzcie, wielki spisek… A my tu siedzimy sobie z panem Konradem na kanapie i jemy ciasteczka".

Podsłuchany przez nas szef resortu spraw wewnętrznych stwierdził przecież, że państwo polskie istniało tylko teoretycznie, więc jak widać, wystarczyło dwóch kelnerów na jego rozpracowanie…

* * *

Kolejne dni po przesłuchaniu miały przynieść poszukiwania wyrzuconego przez nas sprzętu. Jako że mój znajdował się na praskim wybrzeżu Wisły, droga nie była daleka. Wyruszyliśmy tam sprzed siedziby Centralnego Biura Śledczego Policji przy ulicy Okrzei. Wyrzucony kilka dni wcześniej dysk oraz nośniki okazały się łatwiejsze do znalezienia, niż wszyscy sądzili. Wyjątkowo suche dni sprawiły, że poziom Wisły gwałtownie opadł, a miejsce, do którego wyrzucałem niewygodne dowody, stało się zwykłym bajorem, w którym wody nie było nawet do kolan. Mimo to na miejscu pojawiła się specjalistyczna jednostka, czyli stary wóz strażacki z trzema dzielnymi strażakami na pokładzie. Najmłodszy z nich został oddelegowany do przebrania się w strój nurka, a pozostali wyjęli sprzęt w postaci łopatki i grabek. Poziom wody był tak niski, że nurek musiał… leżeć brzuchem na dnie, aby głowa znajdowała się pod wodą. Ostatecznie po kilku minutach jeden ze strażaków znalazł na brzegu płytkę elektroniczną pochodzącą z pendrive'a. Z racji niskiego poziomu wody nabrzeże przesunęło się o kilka metrów. Odnalezienie kilkunastu elementów będących pozostałościami po nośnikach danych nie wymagało więc dalszej równie brawurowej pracy nurka. Płytki elektroniczne i elementy plastikowe znaleziono w zaroślach linii brzegowej i tuż przy niej. W nagrodę za współpracę pilnujący mnie wówczas funkcjonariusze zabrali mnie do chińskiej knajpy naprzeciwko kina Praha. Zjadłem sajgonki i kurczaka w pięciu smakach. Smakowało mi jak rzadko kiedy.

Następnego dnia zostałem wywieziony poza Warszawę. Wyjazdowi towarzyszyło ustalenie optymalnego i bezpiecznego miejsca mojego pobytu. Nie wiedziałem, jak długo tam zostanę, więc zrobiłem wszystko, aby naprowadzić funkcjonariuszy na rejon polski cechujący się wyjątkowymi walorami przyrody i aby nie był to… Radom. Plan zadziałał w stu procentach, choć dowiedziałem się o tym dopiero, docierając na miejsce.

ODOSOBNIENIE

Zgadzając się na uczestnictwo w programie ochrony, zgodziłem się na nieujawnianie wszelkich szczegółów operacyjnych i technicznych. Zgodnie z przepisami prawa znów grozi mi za to do dwóch lat pozbawienia wolności. W połączeniu z już posiadanymi zarzutami jest to mało interesująca perspektywa, dlatego skupię się na tym, co opisywać mi wolno, przynajmniej w teorii.

Sama idea programu ochrony już po spokojnej i przeprowadzonej na chłodno analizie wydała mi się zastanawiająca. Główną konkluzją był fakt, że jako osoba będąca daleko i w pewien sposób pod kontrolą funkcjonariuszy, stawałem się wygodnym podejrzanym. Nie uzupełniałem swoich zeznań, nie kontaktowałem się z mediami. Działałem zgodnie z nakreślonym scenariuszem.

Jeszcze w Warszawie jeden z funkcjonariuszy jednostki do spraw zwalczania aktów terroru poinformował mnie, abym nie próbował kontaktować się z mediami. Odsunięcie mnie od głównego nurtu wydarzeń odsunęło mnie także od telewizji i prasy. W miejscu, gdzie przebywałem, jedynym medium było radio. To dzięki niemu dowiedziałem się, że afera taśmowa choć na chwilę zeszła z „jedynki" w serwisach informacyjnych. Z ulgą odetchnąłem, gdy na kilka dni napompowany został balon medialny sprawy profesora Chazana.

Niestety, kolejne wątki związane z zarejestrowanymi rozmowami wracały niczym bumerang. Odnosili się do nich minister spraw zagranicznych Rosji Siergiej Ławrow czy premier Wielkiej Brytanii David Cameron.

Podczas pobytu poza Warszawą starałem się dużo biegać i jeździć na rowerze. To mi pomagało uspokoić nerwy i nie myśleć choć przez chwilę o tych wszystkich wydarzeniach. Podczas jednej z takich wieczornych przebieżek po zmroku w lesie zauważyłem dwóch motocyklistów jadących w moim kierunku. Zrobiłem się blady i stanąłem jak wryty ze strachu. Przez moją głowę przewinęły się setki najczarniejszym myśli i scenariuszy. Ostatecznie motocyklistami okazali się okoliczni mieszkańcy, którzy przywitali się ze mną serdecznym „dobry wieczór".

To był punkt zwrotny. Postanowiłem wrócić do Warszawy, do normalnego życia. Ilość stresu i strachu, jakie miałem w sobie, przekroczyła poziom krytyczny. Leśne spotkanie było katalizatorem, który spowodował, że cały lęk zniknął. Pomyślałem, że jeżeli coś złego ma mnie spotkać, to stanie się to prędzej czy później. Nie będzie to w żaden sposób zależne od miejsca mojego pobytu.

Dodatkową motywacją był łańcuch, na którym byłem prowadzony przez opiekunów. Kontaktowali się oni ze mną co prawda raz na kilka dni, jednak byłem od nich całkowicie zależny. Wszelkie moje dokumenty i karty płatnicze pozostały w portfelu, który znajdował się w rękach Agencji Bezpieczeństwa Wewnętrznego. Brak dowodu osobistego i jakichkolwiek pieniędzy był niekomfortową sytuacją, szczególnie kiedy każda próba kontaktu z bliskimi wymagała zgody i prośby skierowanej do funkcjonariuszy.

Aby zarobić kilka złotych, zaoferowałem pomoc okolicznej staruszce, która próbowała rozrzucić kupę ziemi, by wyrównać teren na swoim ogrodzie. Za siedem godzin pracy otrzymałem od niej wówczas dziesięć złotych. Ich wartość była jednak co najmniej dwudziestokrotnie większa. Pracowałem i nie rozpamiętywałem minionych wydarzeń. Zapragnąłem powrotu do normalności.

Moja rezygnacja z programu ochrony była zaskoczeniem dla wszystkich funkcjonariuszy. Wielokrotnie namawiali mnie oni na zmianę decyzji, jednak ja wiedziałem, że muszę opuścić ten specyficzny i hermetyczny układ zamknięty. Układ, który sprawiał, że pomimo bycia na wolności, czułem się jak w areszcie.

ŻYCIE NA PODSŁUCHU

Zejście tematu afery taśmowej z medialnych czołówek nie zakończyło serii wydarzeń z nią związanych. Zapomnieć o konsekwencjach rejestrowania rozmów polityków nie pozwalały co rusz pojawiające się newsy związane z kolejnymi upublicznionymi spotkaniami. I nowa rzeczywistość: wizyty w prokuraturze, wielogodzinne przesłuchania oraz czynności związane z rzekomym wyjaśnieniem wszystkich niejasnych dla funkcjonariuszy spraw. Przeprowadzono ze mną szereg wizji lokalnych, w których wskazywałem miejsca umieszczania urządzeń rejestrujących i opowiadałem o sposobach działania. Funkcjonariusze nie mogli uwierzyć w mój wyłączny udział w aferze i naciskali na różne sposoby, abym wskazał pomocników, których nigdy nie miałem.

Musiałem się przyzwyczaić do tej nowej rzeczywistości. Częściej niż kiedyś zdarzały mi się głuche telefony oraz zakłócenia w trakcie rozmów. W miejscach, w których powinienem mieć pełny zasięg, nie miałem go w ogóle lub też rozmowa zrywała się nagle. Może miało to związek z faktem, że korzystałem z aparatu, który przez kilka tygodni pozostawał w rękach funkcjonariuszy? Często podczas rozmów telefonicznych słyszałem szumy i głosy nienależące ani do mnie, ani do mojego rozmówcy. Dzwoniłem do kogoś i nie było sygnału oczekiwania na odebranie połączenia, tylko głuchy odgłos, po którym od razu pojawiał się głos rozmówcy. Starałem się więc nie prowadzić konwersacji przez telefon wcale albo rozmawiać krótko i na tematy ogólne, neutralne, bezpieczne. Wyjątkami były rozmowy z osobami uczestniczącymi w rejestrowaniu rozmów. Wówczas pozwalaliśmy sobie na jawne obelgi pod adresem podsłuchujących nas funkcjonariuszy. Było to odreagowanie. Przestałem się bać, a fakt obserwacji i podsłuchiwania mnie przestał mi przeszkadzać. Spędzenie wielu godzin w samochodowym bagażniku zaraz po wybuchu afery taśmowej i zobaczenie rzeczy, których wolałem nie widzieć, znieczuliło mnie wystarczająco.

ŻYCIE ZACZYNA SIĘ PO AFERZE

Obecność w programie ochrony oraz związane z tym sytuacje, a także obserwacje pozostawiają trwały ślad w głowie. Wielokrotnie byłem traktowany jak żywy towar, a o tym ciężko zapomnieć. Powrót do Warszawy miał być powrotem do świata, który znałem. Tak się jednak nie stało, gdyż zastałem zupełnie inną rzeczywistość. Krajobraz wokół zmienił się diametralnie. To uczucie było przygnębiające. Dopiero wiele tygodni później przypomniałem sobie ważną sentencję. Wypowiedział ją w rozmowie ze mną i Łukaszem Marcin Rosół, prawa ręka ministra Mirosława „Miro" Drzewieckiego. Była to odpowiedź na pytanie o jego wewnętrzny spokój, brak zdenerwowania i stresu pomimo udziału w wielu nie do końca jasnych przedsięwzięciach i aferach. Brzmiała ona tak: „Chłopaki, życie zaczyna się po aferze". I towarzyszył jej szczery i promienny uśmiech.

Zrozumiałem to powiedzenie wiele miesięcy później. Moje życie również zaczęło się na nowo po aferze, ale to temat na zupełnie inną książkę. Jedyne, co się w nim nie zmieniło, to wino, które nadal nieodłącznie mi towarzyszy.

I wciąż nazywam się Konrad Lassota, i mam postawione zarzuty z paragrafu dwieście sześćdziesiątego siódmego kodeksu karnego.

Indeks nazwisk

Ł

M

N

O

P

R

S

Ś

T

U

V

W

Z

Ż

Spis treści

JUŻ WKRÓTCE!

Grzegorz Jankowski

Fakt. Tak było naprawdę

Seks, afery, polityka

Człowiek, który wie bardzo dużo, wreszcie przerywa milczenie. Grzegorz Jankowski stworzył tabloid „Fakt" i kierował nim 11 lat. W tym czasie był jedną z najbardziej wpływowych postaci polskiego życia publicznego, choć sam unikał kamer i fleszy. O jego przychylność – czasem w żałosny sposób – zabiegali zarówno celebryci, jak i ministrowie. Inni mu grozili. Z książki wyłania się przygnębiający obraz polskiej elity politycznej i kulturalnej. Dowiadujemy się między innymi, jak w gabinecie Jankowskiego rozpoczęła się wojna polsko-polska, gdy w 2005 roku Donald Tusk z premedytacją oblał kawą Lecha Kaczyńskiego. Tylko po to, żeby podczas dyskusji wyprowadzić rywala z równowagi. Z tego, co ujawnia Jankowski, można zbudować polskie *House of Cards*. To kawał mięsistej prawdy o Polsce.